Die Feier des Leidens und der Auferstehung unseres Herrn

Die Feier des Leidens und der Auferstehung unseres Herrn

Modelle zur liturgischen Gestaltung
der Karwoche und der Ostertage

Herausgegeben von Franz Pitzal
unter Mitarbeit von Roswitha Bühler
und Michael B. Merz

Verlag Friedrich Pustet Regensburg

2. Auflage 1992

ISBN 3-7917-1008-7

Umschlag: Peter Loeffler, Regensburg
(Foto: Franz Pitzal)
Gesamtherstellung: Friedrich Pustet, Regensburg
Printed in Germany 1992

INHALT

VORWORT

In der Woche vom Palmsonntag bis zum Ostersonntag gilt es, den Kern der christlichen Lehre besonders zu bedenken und zu feiern. Das Gemeindeleben soll sich in diesem Zeitraum auch besonders intensiv gestalten.
Das Meßbuch gibt für die Feiern des Leidens und der Auferstehung Jesu Christi schon weitreichende Anweisungen. Um die Einheit der Gemeinden der Weltkirche zu versinnbildlichen, ist es auch wünschenswert, die tragenden Strukturen der Liturgie dieser Tage einheitlich zu gestalten.
Die Verkündigung dieses liturgischen Zeitraumes mündet in die Aussage: Jesus lebt, und mit ihm ist auch allen Menschen guten Willens neues Leben zuteil geworden.

Will der Priester diese Aussage des neuen Lebens den Gläubigen in ihrer heutigen Aktualität nahebringen, so wird es nötig sein, über die Richtlinien des Meßbuchs hinaus weitere Gestaltungsvorschläge einzuarbeiten. Damit sieht sich der Liturge aber auch jedes Jahr neu mit dem Zwang zur Originalität und zur Kreativität konfrontiert. Die vielfältigen Aufgaben in der Gemeinde lassen ihm jedoch oft kaum Zeit, seine Ideen zur Gottesdienstgestaltung weiter auszuarbeiten.

Hier möchte dieses Buch eine Hilfestellung anbieten:
Es enthält zahlreiche Anregungen zur Verlebendigung der Liturgie, die sämtlich in der Gemeindepraxis ausprobiert, ja aus ihr entwickelt wurden.
Dabei ergehen zunächst kurze allgemeine Erläuterungen zur Bedeutung des jeweiligen Tages, seiner Liturgie und dem sich oft anschließenden Volksbrauchtum.
Die konkreten Vorschläge sind unterschieden nach ihrer Verwendung in den verschiedenen Gemeindezusammenkünften. Die Anordnung, in der sie erscheinen, ist nicht verbindlich. Wie man leicht erkennen kann, sind Umstellungen und sonstige Veränderungen leicht möglich.

Um die Anwendbarkeit der Gestaltungsvorschläge zu erhöhen, wurde darauf geachtet, mit geringem Aufwand an Schaumaterial etc. zurecht zu kommen.

Franz Pitzal
Roswitha Bühler
Michael B. Merz

EINLEITUNG

Mit dem Palmsonntag beginnt die Heilige Woche, im deutschen Sprachgebiet auch Karwoche (kara: althochdeutsch = Trauer, Klage) genannt. Diese Woche ist aber keineswegs nur von der Trauer bestimmt. Die Eckpfeiler dieser Woche bilden der Einzug in Jerusalem, das letzte Mahl mit den Jüngern, das Sterben und die Auferstehung. Letzter diese Zeit prägender Gedanke ist die Auferstehung Jesu Christi, das Osterereignis. Durch es wird auch die Feier des Leidens und Sterbens Christi durchleuchtet. Jesus erweist sich als der Christus, der Messias, durch seine Überwindung des Todes.

Die Christen haben in den ersten Jahrhunderten Tod, Auferstehung und Erhöhung des Herrn, also die gesamte Sinnfülle von Ostern an einem Tag begangen. Etwa ab dem 4. Jahrhundert hat man diese Gesamtthematik aufgefächert und seine Teilaspekte herausgestellt.

Die heutige Grundordnung des Kirchenjahres sagt über die Bedeutung der Drei Österlichen Tage: „Das Werk der Erlösung der Menschen und der vollendeten Verherrlichung Gottes hat Christus, der Herr, vor allem vollzogen durch das Pascha-Mysterium, in dem er durch seinen Tod unseren Tod überwunden und in der Auferstehung das Leben wiederhergestellt hat. Darum sind die Drei Österlichen Tage vom Leiden, vom Tod und von der Auferstehung des Herrn Höhepunkte des ganzen Kirchenjahres ..."

Weiter heißt es: „Die Drei Österlichen Tage vom Leiden, vom Tod und von der Auferstehung beginnen mit der Abendmahlsmesse des Gründonnerstags; sie haben ihren Mittelpunkt in der Osternacht und schließen mit der Vesper am Ostersonntag."

PALMSONNTAG

I. Allgemeine Erläuterungen

1. *Gedanken zum Tag*

Über dem Palmsonntag steht der Satz: „Sagt der Stadt Jerusalem, siehe, dein König kommt zu dir."

Der Königsanspruch Jesu geht daraus klar hervor. Jesus liebt weder Prunk, noch Reichtum und Verehrung, noch Macht. Doch als König strahlt er Autorität und zugleich Vertrauen aus. Ein König, der auf einem Esel einreitet, erniedrigt sich selbst. So ist der Anfang seiner Königsherrschaft auch der Anfang seiner Selbsthingabe. Diese Selbsthingabe erfährt ihren Höhepunkt mit dem Tod am Kreuz. Im Brief an die Philipper (Phil 2,6–11) – die Perikope bildet die 2. Lesung dieses Festtages – wird der Gedanke ausgedrückt:

Herrlich und mächtig wie Gott war er. Aber er behielt seine Macht nicht für sich und den Glanz des göttlichen Wesens. Alles legte er von sich ab, er nahm die Gestalt eines Knechtes an und wurde ein Mensch unter Menschen. Die arme Gestalt eines Menschen trug er und beugte sich tief hinab bis in den Tod, ja bis zum Tod am Kreuz. Darauf hob ihn Gott über alles empor und setzte ihn über alles, was da lebt, über Menschen und Mächte.

Denn den Namen Jesus sollen sie nennen und ihre Knie beugen im Himmel und auf der Erde und unter der Erde. Und mit allen Stimmen sollen sie rufen:

Jesus Christus ist der Herr! Und Gott, den Vater, rühmen und preisen.

Mit dem Palmsonntag beginnt liturgisch auch das Leiden Jesu. Die folgenden Tage sind ganz von der Trauer bestimmt. Trauer und Freude liegen daher nahe beieinander, denn auf das „Hosanna" folgt das „Kreuzige ihn!". Kein Tag im Ablauf des Jahres zeigt den Kontrast so sehr auf wie der Palmsonntag.

2. *Die Palmzweige als Symbol*

Die Palmzweige, die zu Beginn des Gottesdienstes gesegnet werden, sollen eine Erinnerung an den Jubel beim Einzug Jesu in die Stadt Jerusalem sein. Die Gläubigen nehmen nach der Feier die Zweige mit nach Hause. Dies ist allerdings in vielen Gegenden nicht mehr selbstverständlich. Palmzweige in den Wohnungen aufzubewahren, ist ein äußeres Zeichen für das Bekenntnis zu Jesus Christus. Dort, wo sie mitgenommen werden, verhalten sich die Menschen nicht wie Zuschauer am Straßenrand, wie einstens die in Jerusalem, sondern sie nehmen teil am Zug der Begeisterten für Jesus.

Die richtigen Palmzweige sind Palmblätter und Zweige vom Ölbaum. Die großen Blätter der Palmen waren seit jeher ein Symbol für den König, die Ölzweige ein Zeichen für den Frieden. Die Taube mit dem Ölzweig im Schnabel ist ein in aller Welt bekanntes Friedenssymbol. In unserer Klimazone jedoch gehören Palmen und Ölbäume nicht zur natürlichen Vegetation. Sie werden deshalb je nach Landschaft ersetzt durch Palmkätzchen (Zweige der Weide), grünen Buchs, Immergrün, Wacholder, Haselnußzweige und andere bereits Knospen tragende Gewächse.

Größe und Art des Palmbüschels ist nach Gegend und Tradition verschieden. In bestimmten Landstrichen Süddeutschlands werden sie mit viel Phantasie und Geschick kunstvoll mit ausgeblasenen Eiern geschmückt und auf einen Stock (Haselnuß) gebunden. Der Palmbüschel ist oftmals der Stolz der ganzen Familie und des Hauses.

Ein dreifaches soll der Palmbüschel ausdrücken:

- Der zedernartige Buchs möchte ein Ersatz sein für die immergrünen Palmen der Umwelt Jesu.
- Die Palmkätzchen sind ein Zeichen für das aufbrechende Frühjahr, in dem Ostern den Höhepunkt darstellt.
  Sie sind auch ein Zeichen für Jesus Christus, durch dessen Auferstehung eine neue Zeit angebrochen ist.
- Das Immergrün im Wacholder und im Buchs weist auf das Bleibende hin, das uns in Gott durch Jesus Christus gegeben ist.

3. *Die Verwendung der Palmzweige in der Gemeinde*

Die Palmzweige werden nach der Feier mit nach Hause genommen. Sie werden auch von Ministranten zu den Familien und alleinstehenden Gemeindegliedern gebracht.
Palmzweige werden in den Häusern und Wohnungen hinter das Kreuz gesteckt. Vielerorts bringt man sie über der Haustüre, an der Bühne über einem Dachbalken an. Manche stellen sie in eine Vase und dekorieren so ihre Wohnung. In ländlichen Gegenden finden sie ihren Platz auch im Stall; mancherorts werden sie auch auf einen Getreideakker gelegt. Der Priester und die Kommunionhelfer nehmen Palmbüschel auch zur Krankenkommunion mit und erinnern dadurch die Kranken an die Liturgie des Palmsonntags. Ein schöner Brauch ist es, wenn Kinder Bekannten und Verwandten Palmzweige bringen.

II. **Anregungen zur Verlebendigung der Liturgie**

1. *Die Palmprozession*

Die Palmprozession ist zu einem festen Bestandteil der Liturgie des Palmsonntags geworden. Sie erinnert an den feierlichen Einzug Jesu in Jerusalem.
Mit Palmen in den Händen ziehen die Ministranten (falls möglich die ganze Gemeinde) in die Kirche ein. Oft sind auch die Erstkommunikanten beim Einzug sinnvoll zu beteiligen. Wenn kein festlicher Einzug möglich ist, sollte innerhalb des Gotteshauses eine Prozession stattfinden. Vielerorts geht man sogar ins Freie. Der Weg führt dann meistens rund um die Kirche (über den Friedhof). Die ganze Gemeinde beteiligt sich an der Prozession. Dabei kann folgendes Lied als Palmsonntagslied gesungen werden:

2. David sah, im Geist entrücket, den Messias schon von fern, / der die ganze Welt beglücket, den Gesalbten, unsern Herrn. / Tochter Zion, streu ihm Palmen, breite deine Kleider aus, / sing ihm Lieder, sing ihm Psalmen! Heut beglückt der Herr dein Haus.
3. Sieh, Jerusalem, dein König, sieh, voll Sanftmut kommt er an. / Völker, seid ihm untertänig; er hat allen wohlgetan. / Den die Himmel hoch verehren, dem der Chor der Engel singt, / dessen Ruhm sollt ihr vermehren, da er euch den Frieden bringt.
4. Aus der Kinder Mund erschallet schon das Lob, das dir gefällt; / auch der Jugend Loblied hallet heut zu dir, o Herr der Welt. / Menschenkinder all zusammen, preist des Königs Herrlichkeit; / alle Engel, sprechet: Amen! mit der ganzen Christenheit.
5. Geister, die im Himmel wohnen, preist den großen König heut; / und ihr Völker aller Zonen, singt: Er sei gebenedeit! / Singt: Hosanna in den Höhen, hochgepriesen Gottes Sohn! / Mögen Welten einst vergehen, ewig fest besteht sein Thron.

T: nach Salzburg 1783, M: 18. Jh. (aus: GL, Anhang Freiburg/Rottenburg, Nr. 815)

2. *Sprechmotette zur Palmprozession*

Pfarrer: **Wir wollen uns in die Situation beim Einzug Jesu in die Stadt Jerusalem begeben und rufen, wie damals die Bevölkerung der Stadt: Hosianna dem Sohne Davids.**

Alle: **Hosianna dem Sohne Davids.**

Pfarrer: **Hosianna, das ist ein Jubelruf. Hosianna, das drückt Begeisterung und Freude aus. Die gläubigen Juden erkannten in dem einziehenden Herrn den von den Propheten angekündigten Messias, den Sohn Gottes**

und deshalb fügten sie dem Jubelruf hinzu: Hochgelobt sei, der da kommt im Namen des Herrn, Hosanna in der Höhe!
Und auch wir, die wir in Jesus den Sohn Gottes sehen, bekennen gemeinsam:

Alle: Hochgelobt sei, der da kommt im Namen des Herrn, Hosanna in der Höhe!

Kind: Als Jesus in die Stadt einzog, da liefen die Kinder zusammen und riefen ihm laut entgegen:

Alle: Hochgelobt sei, der da kommt im Namen des Herrn, Hosanna in der Höhe!

Junge: Während Jesus dahinritt, breiteten Menschen ihre Kleider aus und die Buben kletterten auf die Bäume, um Jesus sehen zu können, und riefen laut:

Alle: Hochgelobt sei, der da kommt im Namen des Herrn, Hosanna in der Höhe!

Mann: Und als Jesus an die Stelle kam, wo der Weg zum Ölberg hinüber führt, begannen die Männer mit den Jüngern voll Freude Gott zu loben und sie riefen Jesus entgegen:

Alle: Hochgelobt sei, der da kommt im Namen des Herrn, Hosanna in der Höhe!

Frau: Und die Frauen, die am Wegesrand standen und ihre Kinder auf den Armen trugen, sagten zueinander: Wahrlich, der ist es, den wir erwarten und von dem die Propheten sprachen. Und sie stimmten voll Begeisterung mit ein:

Alle: Hochgelobt sei, der da kommt im Namen des Herrn, Hosanna in der Höhe!

Jugendlicher: Die Bettler am Wegesrand, die Halbverhungerten, die Aussätzigen und die Verstoßenen, die mit dabei waren, freuten sich über Jesus, denn sie wußten, er steht auf ihrer Seite. Und sie stimmten in den Ruf mit ein:

Alle: Hochgelobt sei, der da kommt im Namen des Herrn, Hosanna in der Höhe!

Pfarrer: Da strahlten die Jünger vor Begeisterung, während

	die Pharisäer ablehnend abseits standen. Aber das Volk rief weiter:
Alle:	**Hochgelobt sei, der da kommt im Namen des Herrn, Hosanna in der Höhe!**

3. *Versinnbildlichung des Einzugsgeschehens*

Der Palmesel

In manchen Gemeinden gibt es sogar einen „Palmesel". Es handelt sich dabei um eine Plastik, die Jesus auf einem Esel sitzend zeigt. Diese Plastik, oft auf kleinen Rollen oder Rädern befestigt, wird in die Kirche hineingezogen und im Altarraum abgestellt. Der Brauch geht zurück auf eine alte Tradition; manche Kirchen werden mit Bezug darauf im Volksmund sogar als Palmesel-Kirchen bezeichnet.

Das Evangelienbuch in der Prozession

Ein anderer Vorschlag, die Prozession zu gestalten, wäre folgender: Jesus, der mitten unter den Menschen in Jerusalem einzog, wird durch das mitgetragene Evangelienbuch symbolisiert. In seinem Wort, im Buch festgehalten, ist seine Gegenwart in besonderer Weise erfahrbar. Mit Palmen in den Händen begleiten ihn Ministranten und Erstkommunikanten auf seinem Weg. Dabei werden auch Körbe mit Palmbüscheln mitgetragen, die dann an die Gläubigen weitergegeben werden. Vor dem Altar angekommen, heben die Ministranten die Palmen hoch und rufen: Hosianna. Einige ziehen ihre Talare aus und legen sie auf den Boden, damit das Evangelienbuch darüber getragen werden kann. Dies geschieht in Erinnerung an den Einzug des Herrn, wo uns berichtet wird, daß der Weg mit Kleidern ausgelegt wurde.

4. *Rufe zum Palmsonntag*

Die folgenden Rufe können in die Prozession integriert werden. Die Akklamationen der Gemeinde können nach der Melodie im GL 196 gesungen werden. Eine andere geeignete Akklamation findet sich im GL 198, 1 und 2.

(1) **Mit Begeisterung wurde Jesus damals in Jerusalem empfangen. Auch wir begrüßen ihn und rühmen seine Herrlichkeit.**
Vorsänger: **Hosanna dem Sohne Davids!**
Alle: **Hosanna dem Sohne Davids!**

(2) **Als König wurde Jesus in seiner Stadt gefeiert. Auch wir wollen ihn preisen als den Herrn und König.**
Vorsänger: ...
Alle: ...

(3) **Die Kleider auf dem Weg waren eine Huldigung für den Sohn Gottes. Auch wir huldigen ihm und rufen.**

(4) **Der Palmzweig ist ein Symbol des Friedens. Mit Jesus wollen wir das Böse überwinden und voll Vertrauen bekennen.**

(5) **Die Palmzweige, die wir in unsere Häuser bringen, sind ein Zeichen seiner Gegenwart unter uns. Darum preisen wir ihn.**

(Weitere derartige Rufe, die sich an die Liturgie des Palmsonntags anlehnen, können hier eingefügt werden)

5. *Palmsonntagslied*

Der Melodie „Lobet den Herren ...“ (GL 258) wurde hier ein Text unterlegt, der wesentliche Aussagen des Festes aufnimmt.

(1) **Öffne die Tore, Jerusalem, grüß ihn mit Palmen! Siehe, dein König naht: Sing ihm die herrlichsten Psalmen! Gib ihm Geleit, denn er ist sanft und bereit, sterbend den Tod zu zermalmen.**

(2) **Breit vor ihm Kleider aus, Sion, und ruf mit den Kindern: Hoch sei gepriesen der Herr, der sich beugt zu den Sündern! Sei nicht verzagt, was dich auch kümmert und plagt! Er kommt, die Leiden zu lindern.**

(3) **Er ist das Leben und mag er auch sterbend erliegen. Durch seinen Tod wird er Hölle und Sünde besiegen. Er wird erstehn und dann sich selber erhöhn, dich in Glückseligkeit wiegen.**

GRÜNDONNERSTAG

I. Allgemeine Erläuterungen

1. *Gedanken zur Bedeutung des Tages und seiner Liturgie*

Die deutsche Bezeichnung Gründonnerstag wird im allgemeinen von dem Wort greinen oder grienen (= weinen) abgeleitet, das auch heute noch in manchen Dialekten bekannt ist.
Dies hat wohl damit zu tun, daß früher in der römischen Kirche die öffentlichen Büßer (auch Weinende genannt) an diesem Tag wieder in die volle Eucharistiegemeinschaft aufgenommen wurden. Sie waren am Aschermittwoch aus der Gemeinschaft der Kirche ausgeschlossen worden, um Buße zu tun.

Am Vormittag des Gründonnerstags werden in den Bischofskirchen die „Heiligen Öle" geweiht. Es sind dies: Chrisam, Katechumenenöl und Krankenöl. Sie werden verwendet bei der Feier der Taufe, der Firmung, der Krankensalbung, der Priester- und Bischofsweihe, der Kirchweihe und der Altarweihe.
Zwei Pole prägen die Feier der Abendmahlsmesse: Die Fußwaschung und das Mahl selbst. Die erste Lesung aus dem Buch Exodus verweist auf das Pascha vor dem Auszug Israels aus Ägypten; in der zweiten Lesung schildert Paulus seine Überlieferung des Herrenmahls. Das Evangelium aus dem Johannesevangelium überliefert die Fußwaschung.
Beide Pole machen jedoch eine einzige Aussage. Sie verkünden Jesu Engagement für uns Menschen. Die beiden Lesungen verdeutlichen Tradition und Wirklichkeit der Eucharistie, der von Jesus ausgehenden Lob- und Dankfeier seines Lebens, Sterbens und Auferstehens; das Evangelium zeigt in einem anderem Bild die hinter Jesu Leben und Sterben stehende und in der Eucharistie gefeierte und erinnerte Botschaft: „Liebet einander wie ich euch geliebt habe", und: „Ein Beispiel habe ich euch gegeben."

Der Gründonnerstag zeigt in Verkündigung des Wortes und Feier des Mahles was die Nachfolge Jesu kennzeichnet: Das Leben füreinander und die Gemeinschaft, um Eucharistia, Dank zu sagen. In beiden muß sich bewähren, wer sich Christ nennt.

Die Liturgie dieser Eucharistiefeier steht dabei ganz unter dem Gedanken des Hohenpriestertums Christi.
Die Abendmahlsmesse ist (vor allem) geprägt vom Gedächtnis an das Letzte Abendmahl Jesu mit den Jüngern und der Stiftung der Eucharistie. Die Abschiedsreden Jesu wollen seine Hingabe für uns verdeutlichen. In vielen Gemeinden wird nach der Abendmahlsmesse eine sogenannte Ölbergwache gehalten, bei der Begebenheiten der Passion des Herrn betrachtet werden: Rangstreit der Jünger, Verleugnung und Flucht des Petrus, Verrat des Judas, die Todesangst und Gefangennahme Jesu u. a.

2. *Die Bedeutung des gemeinsamen Mahlhaltens*

Das miteinander Essen ist in allen Kulturen ein Ausdruck von Vertrautheit und Wertschätzung. Im gemeinsamen Mahl wird ausgedrückt, daß die Teilnehmer elementare Vollzüge des Lebens miteinander teilen. Ein sprachlicher Reflex davon findet sich auch in der Redewendung, welche die Ehe als Gemeinschaft von Tisch (!) und Bett charakterisiert.
Bei vielen vorindustriellen Gesellschaften war es Sitte, daß die Mahlgenossen den besonderen Schutz des Hauses erhielten, auch was die Verteidigung gegen Feinde betraf. Denn der ‚Mahlherr' hatte für das Wohl und Leben seines Gastes persönlich Sorge zu tragen.
Obwohl unser Verhältnis zum Essen schon in vielerlei Weise gestört ist, obwohl wir unsere Mahlzeiten oft nicht mehr in Ruhe daheim einnehmen, sondern uns rasch in der Kantine oder an der Imbißbude sättigen, ist doch die Wertschätzung eines schönen gemeinsamen Essens nicht verlorengegangen. So zeigt man Freunden die Urlaubsdias aus Italien bei einem italienischen Gericht, geht mit Freunden essen. Besondere Ereignisse, wie die Geburt und Taufe eines Kindes, die Eheschließung, ein Begräbnis, aber auch die Einweihung eines neuen Hauses werden selbstverständlich mit einem Festessen began-

gen, zu dem der Gastgeber alle einlädt, an deren Leben er besonders interessiert ist.
Auf diesem Hintergrund müssen wir das Abendmahl Jesu betrachten, aber auch das eucharistische Mahl, zu dem uns Jesus als Mahlherr immer wieder einlädt.

3. *Zum jüdischen Paschamahl*

Vom jüdischen Paschamahl ist bekannt, daß es die Erinnerung an das Auszugsgeschehen des Volkes Israel aus Ägypten wachhalten soll. Darüber hinaus haben die Religionswissenschaftler festgestellt, daß es sich bei dem Paschamahl in der überlieferten Form eigentlich um zwei ursprünglich voneinander getrennte Mähler handelt. Während das hastig zu essende Paschalamm an die drängende Eile des Aufbruchs aus Ägypten anknüpft, handelt es sich beim sog. Mazzenfest um ein Frühjahrsfest, wie es viele Ackerbau treibende Kulturen des Orients kennen. Als Mazzen bezeichnet man die ungesäuerten Brotfladen, die beim traditionellen jüdischen Paschamahl ebenfalls verspeist werden.
Das Mazzenfest feiert die wieder neu aufbrechende Kraft der Vegetation. Deswegen werden die Festbrote auch aus neuem Mehl gebacken. Nicht einmal der Sauerteig, der noch eine geringe Menge alten Mehls enthält, soll verwendet werden.
Nicht nur der gemeinsame Zeitpunkt des Frühjahrs legte eine Verbindung der beiden Feste nahe. Die Festinhalte selbst sind sich sehr nahe: Feiert das Mazzenfest das neue Leben, das aus der im Winter toten Vegetation wieder aufbricht, so feiert das Paschafest das neue befreite Leben, das der Fremdherrschaft entronnen ist.
Das christliche Osterfest ist das dritte der im Frühjahr begangenen Feste. Es ist wiederum sinnvoll mit den beiden anderen Festen verbunden. Jesus wird nicht nur geschlachtet als das Lamm des neuen Bundes. In seiner Auferstehung ist uns allen das neue Leben eröffnet worden, das Leben, das befreit ist von der Fremdherrschaft von Sünde, Tod und Gesetz.

4. *Die Fußwaschung*

Der Evangelist Johannes versucht das Geschehen des letzten Abendmahles durch ein eigenes Bild zu interpretieren. Jesus läßt das Mahl vorbereiten und lädt die Jünger dazu ein. Damals war es Brauch, daß Diener Wasser zur Reinigung brachten und den Gästen die Füße wuschen. Jesus selbst jedoch übernimmt diesen Dienst, „wurde wie ein Sklave". Damit weist Johannes uns auf das Geheimnis unserer Erlösung hin: Jesus hat sich entäußert und sein Leben für uns eingesetzt.

Das letzte Mahl, in dem Jesus sich selbst zur Speise gibt, zeigt wie die Fußwaschung, daß Gott in Jesus uns nahe gekommen ist: Er hat sich ganz der Menschen angenommen. Dies beschreibt die erste Christengeneration mit den Worten:

Er war Gott gleich, hielt aber nicht daran fest, wie Gott zu sein, sondern er entäußerte sich und wurde wie ein Sklave und den Menschen gleich. Sein Leben war das eines Menschen; er erniedrigte sich und war gehorsam bis zum Tod, bis zum Tod am Kreuz. (Phil 2,6–8)

II. **Anregungen zur Verlebendigung der Liturgie**

A: *Anregungen zum Abendmahlsgottesdienst*

1. *Gestaltungsvorschlag für einen Wortgottesdienst*

„Es begann mit einem Verrat"
(Wortgottesdienst nach biblischen Berichten)

Diesen Gottesdienst kann man als Wortgottesdienst feiern. Die einzelnen Textstellen sollten durch Orgel- oder Flötenmusik meditierend unterbrochen werden. Die Hinführung zum biblischen Text durch den Sprecher verlebendigt den Ablauf.

Es ist aber auch denkbar, im Anschluß an die gesprochenen Texte einen Lobgesang anzustimmen und dann die Eucharistie zu feiern. An den Lobgesang, der ein Lied sein kann, würde sich die Gabenbereitung, das Eucharistische Hochgebet und die Kommunionfeier anschließen.

Um wegen der Länge des Textes akustisch Abwechslung zu bieten, erscheint eine Aufteilung auf zwei Sprecher sinnvoll, wobei der zweite Sprecher jeweils den Schrifttext wörtlich vorträgt.

Wenn der vollständige Zyklus von 13 Szenen für den Abendmahlsgottesdienst als zu lang erscheinen sollte, so kann man folgendermaßen kürzen: Die Szenen (1) bis (7) enthalten Lesungen aus der Hl. Schrift zum Gründonnerstag und sollten deswegen ungekürzt und sämtlich vorgetragen werden. Von den übrigen Szenen ([8] bis [13]) können darüber hinaus einzelne dazu gewählt werden. Szene (13) weitet den Blick auf den Heilswillen Gottes, der alle Menschen angeht und bietet so einen passenden Abschluß der Bilderfolge.

(1) Die verräterische Absicht des Judas – Mk 14,10–11

Sprecher 1:

Das Leiden Jesu wird vom Verrat des Judas überschattet. Judas, einer der Jünger, ging zu den Hohenpriestern und handelte mit ihnen den Preis aus, für den er Jesus verraten wollte. Matthäus berichtet uns darüber:

Sprecher 2:

Judas Iskariot, einer der Zwölf, ging zu den Hohenpriestern. Er wollte Jesus an sie ausliefern.
Als sie das hörten, freuten sie sich und versprachen, ihm Geld dafür zu geben. Von da an suchte er nach einer günstigen Gelegenheit, ihn auszuliefern.

Orgelmusik als Zwischenspiel

(2) Die Vorbereitung des Mahles – Mk 14,12–16

Sprecher 1:

Jesus und seine Jünger hatten kein gemeinsames Haus. Schließlich war Jesus ein Wanderprediger. Er sprach im Freien, unter Bäumen, auf der Straße, am See oder auf Bergen. Wenn er sich mit seinen Jüngern in einem Raum treffen wollte, so mußte er sich diesen mieten. So war es auch bei der Vorbereitung auf das Paschamahl.

Sprecher 2:

Am ersten Tag des Festes der Ungesäuerten Brote, an dem man das Paschalamm schlachtete, sagten die Jünger zu Jesus: Wo sollen wir das Paschamahl für dich vorbereiten?
Da schickte er zwei seiner Jünger voraus und sagte zu ihnen: Geht in die Stadt; dort wird euch ein Mann begegnen, der einen Wasserkrug trägt. Folgt ihm, bis er in ein Haus hineingeht; dann sagt zu dem Herrn des Hauses: Der Meister läßt dich fragen: Wo ist der Raum, in dem ich mit meinen Jüngern das Paschalamm essen kann? Und der Hausherr wird euch einen großen Raum im Obergeschoß zeigen, der schon für das Festmahl hergerichtet und mit Polstern ausgestattet ist. Dort bereitet alles für uns vor!
Die Jünger machten sich auf den Weg und kamen in die Stadt. Sie fanden alles so, wie er es ihnen gesagt hatte, und bereiteten das Paschamahl vor.

(3) Die Ankündigung des Verrates – Mt 26,20–25

Sprecher 1:

Beim Paschamahl wurde gebetet, gegessen und über vielerlei Dinge gesprochen. Zum Entsetzen der Jünger sprach Jesus bei diesem Paschamahl vom Verrat, der an ihm verübt werden sollte. Das Entsetzen darüber war groß. Jeder wollte wissen, wer das sein könnte. Wir würden ähnlich fragen.

Sprecher 2:

Als es Abend wurde, begab er sich mit den zwölf Jüngern zu Tisch. Und während sie aßen, sprach er: Amen, ich sage euch: Einer von euch wird mich verraten und ausliefern.
Da waren sie sehr betroffen, und einer nach dem andern fragte ihn: Bin ich es etwa, Herr? Er antwortete: Der, der die Hand mit mir in die Schüssel getaucht hat, wird mich verraten. Der Menschensohn muß zwar seinen Weg gehen, wie die Schrift über ihn sagt. Doch weh dem Menschen, durch den der Menschensohn verraten wird. Für ihn wäre es besser, wenn er nie geboren wäre. Da fragte Judas,

der ihn verriet: Bin ich es etwa, Rabbi? Jesus sagte zu ihm: Du sagst es.

(4) Das Paschamahl – Ex 12,1–8.11–14

Sprecher 1:

Das Paschamahl wurde in Erinnerung an den geglückten Auszug aus Ägypten jedes Jahr gefeiert. Man aß dabei ein einjähriges Lamm, dazu gab es ungesäuertes Brot mit wildem Lattich und Bitterkräutern. Einer las dabei den Bericht aus dem Buch Exodus vor.

Sprecher 2:

In jenen Tagen sprach der Herr zu Mose und Aaron in Ägypten: Dieser Monat soll die Reihe eurer Monate eröffnen, er soll euch als der erste unter den Monaten des Jahres gelten.
Sagt der ganzen Gemeinde Israel: Am Zehnten dieses Monats soll jeder ein Lamm für seine Familie holen, ein Lamm für jedes Haus. Ist die Hausgemeinschaft für ein Lamm zu klein, so nehme er es zusammen mit dem Nachbarn, der seinem Haus am nächsten wohnt, nach der Anzahl der Personen. Bei der Aufteilung des Lammes müßt ihr berücksichtigen, wieviel der einzelne essen kann. Nur ein fehlerfreies, männliches, einjähriges Lamm darf es sein, das Junge eines Schafes oder einer Ziege müßt ihr nehmen. Ihr sollt es bis zum vierzehnten Tag dieses Monats aufbewahren. Gegen Abend soll die ganze versammelte Gemeinde Israel die Lämmer schlachten. Man nehme etwas von dem Blut und bestreiche damit die beiden Türpfosten und den Türsturz an den Häusern, in denen man das Lamm essen will.
Noch in der gleichen Nacht soll man das Fleisch essen. Über dem Feuer gebraten und zusammen mit ungesäuertem Brot und Bitterkräutern soll man es essen.
So aber sollt ihr es essen: eure Hüften gegürtet, Schuhe an den Füßen, den Stab in der Hand. Eßt es hastig! Es ist die Paschafeier für den Herrn – das heißt: der Vorübergang des Herrn.

In dieser Nacht gehe ich durch Ägypten und erschlage in Ägypten jeden Erstgeborenen bei Mensch und Vieh. Über alle Götter Ägyptens halte ich Gericht, ich, der Herr.
Das Blut an den Häusern, in denen ihr wohnt, soll ein Zeichen zu eurem Schutz sein. Wenn ich das Blut sehe, werde ich an euch vorübergehen, und das vernichtende Unheil wird euch nicht treffen, wenn ich in Ägypten dreinschlage.
Diesen Tag sollt ihr als Gedenktag begehen. Feiert ihn als Fest zur Ehre des Herrn! Für die kommenden Generationen macht euch diese Feier zur festen Regel!

(5) Die Fußwaschung – Joh 13,4–15

Sprecher 1:

An diesem Abend geschah aber etwas völlig Anderes. Jesus verlangte, seinen Jüngern die Füße zu waschen. Sie konnten diese Handlung nicht verstehen. Er aber wollte sie damit auf das folgende Abendmahl durch diese äußerliche Handlung zeichenhaft und symbolisch vorbereiten.

Sprecher 2:

Jesus stand vom Mahl auf, legte sein Gewand ab und umgürtete sich mit einem Leinentuch. Dann goß er Wasser in eine Schüssel und begann, den Jüngern die Füße zu waschen und mit dem Leinentuch abzutrocknen, mit dem er umgürtet war.
Als er zu Simon Petrus kam, sagte dieser zu ihm: Du, Herr, willst mir die Füße waschen? Jesus antwortete ihm: Was ich tue, verstehst du jetzt noch nicht; doch später wirst du es begreifen. Petrus entgegnete ihm: Niemals sollst du mir die Füße waschen! Jesus erwiderte ihm: Wenn ich dich nicht wasche, hast du keinen Anteil an mir. Da sagte Simon Petrus zu ihm: Herr, dann nicht nur meine Füße, sondern auch die Hände und das Haupt. Jesus sagte zu ihm: Wer vom Bad kommt, ist ganz rein und braucht sich nur noch die Füße zu waschen. Auch ihr seid rein, aber nicht alle. Er wußte nämlich, wer ihn verraten würde; darum sagte er: Ihr seid nicht alle

rein. Als er ihnen die Füße gewaschen, sein Gewand wieder angelegt und Platz genommen hatte, sagte er zu ihnen: Begreift ihr, was ich an euch getan habe? Ihr sagt zu mir Meister und Herr, und ihr nennt mich mit Recht so; denn ich bin es.
Wenn nun ich, der Herr und Meister, euch die Füße gewaschen habe, dann müßt auch ihr einander die Füße waschen. Ich habe euch ein Beispiel gegeben, damit auch ihr so handelt, wie ich an euch gehandelt habe.

(6) Das Abendmahl – Mt 26,26–29

Sprecher 1:

Daraufhin nahm Jesus Brot und Wein, sprach das Dankgebet, und reichte es seinen Jüngern.
Dabei sprach er die Worte: „Tut dies zu meinem Andenken, so bleibe ich mitten unter euch." Was er schon früher in der Synagoge ankündigte, wurde jetzt Wirklichkeit.

Sprecher 2:

Während des Mahls nahm Jesus das Brot und sprach den Lobpreis; dann brach er das Brot, reichte es den Jüngern und sagte: Nehmt und eßt, das ist mein Leib. Dann nahm er den Kelch, sprach das Dankgebet und reichte ihn den Jüngern mit den Worten: Trinkt alle daraus; das ist mein Blut, *das Blut des Bundes,* das für viele vergossen wird zur Vergebung der Sünden. Ich sage euch: Von jetzt an werde ich nicht mehr von der Frucht des Weinstocks trinken, bis zu dem Tag, an dem ich mit euch von neuem davon trinke im Reich meines Vaters.

(7) Der Bericht des Paulus an die Korinther – 1 Kor 11,23–26

Sprecher 1:

Dieses Ereignis war für alle Beteiligten, aber auch für die, die sich von Jesus ansprechen ließen, faszinierend. Paulus, der selbst im

Abendmahlsaal nicht dabei war, greift dies später in seinem Brief an die Korinther auf und schreibt:

Sprecher 2:

Brüder! Ich habe vom Herrn empfangen, was ich euch dann überliefert habe: Jesus, der Herr, nahm in der Nacht, in der er ausgeliefert wurde, Brot, sprach das Dankgebet, brach das Brot und sagte: Das ist mein Leib für euch. Tut dies zu meinem Gedächtnis!
Ebenso nahm er nach dem Mahl den Kelch und sprach: Dieser Kelch ist der Neue Bund in meinem Blut. Tut dies, sooft ihr daraus trinkt, zu meinem Gedächtnis!
Denn sooft ihr von diesem Brot eßt und aus dem Kelch trinkt, verkündet ihr den Tod des Herrn, bis er kommt.

(8) Die Voraussage der Verleugnung durch Petrus – Lk 22,31–34

Sprecher 1:

Nach dem Mahl brach große Begeisterung aus. Bei Petrus war diese immer besonders groß. Doch Jesus warnt ihn mit folgenden Worten:

Sprecher 2:

Simon, Simon, der Satan hat verlangt, daß er euch wie Weizen sieben darf. Ich aber habe für dich gebetet, daß dein Glaube nicht erlischt. Und wenn du dich wieder bekehrt hast, dann stärke deine Brüder.
Darauf sagte Petrus zu ihm: Herr, ich bin bereit, mit dir sogar ins Gefängnis und in den Tod zu gehen.
Jesus erwiderte: Ich sage dir, Petrus, ehe heute der Hahn kräht, wirst du dreimal leugnen, mich zu kennen.

(9) Das neue Gebot – Joh 13,31–35

Sprecher 1:

Die Jünger haben gar nicht gemerkt, daß Judas inzwischen hinausgegangen war. Jesus ermahnt die Jünger, in der Liebe zu bleiben. Sich einander zu lieben, das ist das neue Gebot. Die Liebe soll eine ständige Aufforderung an alle sein.

Sprecher 2:

Als Judas hinausgegangen war, sagte Jesus: Jetzt ist der Menschensohn verherrlicht, und Gott ist in ihm verherrlicht.
Wenn Gott in ihm verherrlicht ist, wird auch Gott ihn in sich verherrlichen, und er wird ihn bald verherrlichen.
Meine Kinder, ich bin nur noch kurze Zeit bei euch. Ihr werdet mich suchen, und was ich den Juden gesagt habe, sage ich jetzt auch euch: Wohin ich gehe, dorthin könnt ihr nicht gelangen.
Ein neues Gebot gebe ich euch: Liebt einander! Wie ich euch geliebt habe, so sollt auch ihr einander lieben. Daran werden alle erkennen, daß ihr meine Jünger seid: wenn ihr einander liebt.

(10) Der Friedenswunsch – Joh 14,27–31

Sprecher 1:

Und ein weiteres liegt Jesus am Herzen: Der Friede. „Meinen Frieden gebe ich euch. Nicht wie die Welt ihn gibt“, so sagt er zu ihnen. Dieser, sein Friede, kann nicht so oder so ausgelegt werden. Der Friede, der von ihm kommt, muß die Herzen erfassen. Dort wo sein Friede ist, ist auch der Friede dieser Welt.

Sprecher 2:

Jesus sagte zu den Jüngern:
Frieden hinterlasse ich euch, meinen Frieden gebe ich euch; nicht einen Frieden, wie die Welt ihn gibt, gebe ich euch. Euer Herz beunruhige sich nicht und verzage nicht. Ihr habt gehört, daß ich

zu euch sagte: Ich gehe fort und komme wieder zu euch zurück. Wenn ihr mich lieb hättet, würdet ihr euch freuen, daß ich zum Vater gehe; denn der Vater ist größer als ich. Jetzt schon habe ich es euch gesagt, bevor es geschieht, damit ihr, wenn es geschieht, zum Glauben kommt.
Ich werde nicht mehr viel zu euch sagen; denn es kommt der Herrscher der Welt. Über mich hat er keine Macht, aber die Welt soll erkennen, daß ich den Vater liebe und so handle, wie es mir der Vater aufgetragen hat. Steht auf, wir wollen weggehen von hier.

(11) Das Abschiedsgebet Jesu – Joh 17,1–5

Sprecher 1:

Bevor sie aufbrachen, betete Jesus noch einmal mit seinen Jüngern. Gott, seinen Vater, wollte er verherrlichen. Diese Verherrlichung ist die Voraussetzung für das ewige Leben.

Sprecher 2:

In jener Zeit erhob Jesus seine Augen zum Himmel und sprach: Vater, die Stunde ist da. Verherrliche deinen Sohn, damit der Sohn dich verherrlicht. Denn du hast ihm Macht über alle Menschen gegeben, damit er allen, die du ihm gegeben hast, ewiges Leben schenkt.
Das ist das ewige Leben: dich, den einzigen wahren Gott, zu erkennen und Jesus Christus, den du gesandt hast.
Ich habe dich auf der Erde verherrlicht und das Werk zu Ende geführt, das du mir aufgetragen hast. Vater, verherrliche du mich jetzt bei dir mit der Herrlichkeit, die ich bei dir hatte, bevor die Welt war.

(12) Das Gebet Jesu für die Jünger – Joh 17,6–12.15–19

Sprecher 1:

Schließlich betete Jesus für seine Jünger. Sie lagen ihm besonders am Herzen.

Sprecher 2:

Ich habe deinen Namen den Menschen offenbart, die du mir aus der Welt gegeben hast. Sie gehörten dir, und du hast sie mir gegeben, und sie haben an deinem Wort festgehalten.
Sie haben jetzt erkannt, daß alles, was du mir gegeben hast, von dir ist. Denn die Worte, die du mir gegeben hast, gab ich ihnen, und sie haben sie angenommen.
Sie haben wirklich erkannt, daß ich von dir ausgegangen bin, und sie sind zu dem Glauben gekommen, daß du mich gesandt hast.
Für sie bitte ich; nicht für die Welt bitte ich, sondern für alle, die du mir gegeben hast; denn sie gehören dir. Alles, was mein ist, ist dein, und was dein ist, ist mein; in ihnen bin ich verherrlicht.
Ich bin nicht mehr in der Welt, aber sie sind in der Welt, und ich gehe zu dir.
Heiliger Vater, bewahre sie in deinem Namen, den du mir gegeben hast, damit sie eins sind wie wir. Solange ich bei ihnen war, bewahrte ich sie in deinem Namen, den du mir gegeben hast. Und ich habe sie behütet, und keiner von ihnen ging verloren, außer dem Sohn des Verderbens, damit sich die Schrift erfüllt.
Ich bitte nicht, daß du sie aus der Welt nimmst, sondern daß du sie vor dem Bösen bewahrst. Sie sind nicht von der Welt, wie auch ich nicht von der Welt bin. Heilige sie in der Wahrheit; dein Wort ist Wahrheit.
Wie du mich in die Welt gesandt hast, so habe auch ich sie in die Welt gesandt.
Und ich heilige mich für sie, damit auch sie in der Wahrheit geheiligt sind.

(13) Das Gebet um die Einheit – Joh 17,20–26

Sprecher 1:

Sein allerletztes Anliegen war die Einheit der Gläubigen. Nach diesem Gebet stimmte er den Lobgesang an und brach mit seinen Jüngern auf.

Sprecher 2:

In jener Zeit erhob Jesus seine Augen zum Himmel und betete: Heiliger Vater, ich bitte nicht nur für diese hier, sondern auch für alle, die durch ihr Wort an mich glauben. Alle sollen eins sein: Wie du, Vater, in mir bist und ich in dir bin, sollen auch sie in uns sein, damit die Welt glaubt, daß du mich gesandt hast.
Und ich habe ihnen die Herrlichkeit gegeben, die du mir gegeben hast; denn sie sollen eins sein, wie wir eins sind, ich in ihnen und du in mir. So sollen sie vollendet sein in der Einheit, damit die Welt erkennt, daß du mich gesandt hast und die Meinen ebenso geliebt hast wie mich. Vater, ich will, daß alle, die du mir gegeben hast, dort bei mir sind, wo ich bin. Sie sollen meine Herrlichkeit sehen, die du mir gegeben hast, weil du mich schon geliebt hast vor der Erschaffung der Welt.
Gerechter Vater, die Welt hat dich nicht erkannt, ich aber habe dich erkannt, und sie haben erkannt, daß du mich gesandt hast. Ich habe ihnen deinen Namen bekannt gemacht und werde ihn bekannt machen, damit die Liebe, mit der du mich geliebt hast, in ihnen ist und damit ich in ihnen bin.

2. *Drei Tische führen zum Heil*
(AT- und NT-Tisch vor dem Altar)

Für diesen Gottesdienst stehen vor dem Altar zwei Tische, die sich durch die Buchstaben AT und NT deutlich unterscheiden. Auch die Tischtücher sollten verschiedene sein. Ziel dieses Gottesdienstes ist es, aufzuzeigen, daß das Heil der Menschheit sich an drei Tischen im wesentlichen vollzieht.

- Beim Paschamahl, kurz vor dem Auszug aus Ägypten, sollten die Israeliten nochmals die Nähe Gottes verspüren, um gestärkt durch das Mahl den großen Weg antreten zu können. Ein Tisch wurde zur Voraussetzung für die Rettung.
- Beim Abendmahl, kurz vor Jesu Leiden und Sterben, wollte er seinen Jüngern nochmals besonders nahe sein. Im Brot und im Wein teilte er sich ihnen mit. Die Gaben wurden zum Fleisch und zum

Blut, zum Vermächtnis, das er der Welt hinterließ. Der Abendmahlstisch wird zur Grundlage des neuen Bundes.
– Bei der Meßfeier wird am Altar das Gedächtnismahl Jesu begangen. Was beim Paschamahl und im Abendmahlsaal grundgelegt wurde, erhält seine aktuelle Weiterführung in der Eucharistie. Wieder ist es durch den Altar ein Tisch, der dabei im Mittelpunkt steht.

Im folgenden ein ausgearbeitetes Modell zum Ablauf des Gottesdienstes.

(1) *Festliches Orgelspiel*

(2) *Begrüßung*:
Der Abend ist angebrochen, an dem man sich erinnert, was damals in Ägypten, kurz vor dem Aufbruch des Volkes Israel geschah, wie sich die Israeliten versammelten, um das Paschamahl zu feiern. Der alttestamentliche Tisch soll uns daran erinnern.
Der Abend ist aber auch angebrochen, an dem sich Jesus mit seinen Jüngern im Abendmahlsaal versammelte, um das Mahl mit ihnen zu halten.
Der Abendmahlstisch mit den neuen Gaben von Brot und Wein ist uns dafür eine Erinnerung.
An Tischen wirkt Gott sein Heil, damals im Alten Bund und mit Jesus im Neuen Bund. Gott wirkt weiter unter uns in der Feier der Eucharistie. Der Altar ist dafür die Mitte. Drei Tische führen zum Heil.

(3) *Orgel- oder Flötenmusik*

(4) *Zubereitung des Paschatisches*
(ein Sprecher trägt diesen Text vor, während die angegebenen Gegenstände zum Tisch gebracht werden)

- **Das erste Paschamahl feierten die Juden in Ägypten. Es war kurz vor dem Aufbruch in ihre Heimat. Die Rückkehr aus Ägypten wurde mit großen Anstrengungen erreicht. Zur Erinnerung daran feiern die Juden alljährlich das Paschamahl.**

- **Ein festlich gedeckter Tisch steht dabei im Mittelpunkt.**
  Das Tischtuch wird gebracht.

- **Der siebenarmige Leuchter war und ist auch heute noch das Symbol des Judentums. Bei keinem Fest durfte er fehlen.**
  Der siebenarmige Leuchter wird gebracht.

- **Zum Paschafest sollten die Juden ein einjähriges, fehlerloses Lamm schlachten und es noch in derselben Nacht verzehren. Dies trug ihnen Moses im Namen Gottes auf.**
  Ein vom Bäcker gebackenes Lamm oder Fleischstücke eines Lammes werden zum Tisch gebracht.

- **Dazu sollte ungesäuertes Brot, Mazzot genannt, gegessen werden. Ungesäuert, weil es keine Zeit gab, das Brot lange vorzubereiten.**
  Mazzot-Brot in Fladen wird zum Tisch gebracht.

- **Nur wilden Lattich und Bitterkräuter sollte es als Zutaten dazu geben.**
  Schnittlauch, Petersilie oder Ackersalat werden gebracht.

- **Beim Mahl wurde aus den Schriften des Alten Bundes gelesen.**
  Eine Schriftrolle mit hebräischen Schriftzeichen wird nun in die Mitte des Tisches gestellt.

- **So sollten sie das Mahl einnehmen: Die Hüften gegürtet, Schuhe an den Füßen, den Stab in der Hand, denn es eilte.**
  Ministranten mit Umhängetaschen und einem Stab in der Hand essen stehend von den zum Tisch gebrachten Gaben.

(5) *Lied:* Psalm 18 – GL 712 – Du führst mich hinaus in die Weite, du machst meine Finsternis hell.
Währenddessen wird ein großes Schild mit den Buchstaben AT zu diesem Tisch gebracht.

(6) *Zubereitung des Abendmahltisches*
(ein Sprecher trägt den Text vor, während die angegebenen Gegenstände zum Tisch gebracht werden)

- **Bevor Jesus mit seinen Jüngern das Abendmahl feierte, hielten sie miteinander Pascha, wie es in jeder jüdischen Familie Brauch und Sitte war.**

- **Wieder stand der Tisch im Mittelpunkt. Sicherlich war er festlich gedeckt.**
  Das Tischtuch, das sich in der Farbe vom Paschatisch unterscheiden sollte, wird gebracht.
- **Statt eines Lammes nimmt Jesus zum Opfer des Neuen Bundes Brot.**
  Gewöhnliches Brot wird gebracht.
- **Zum Essen gehört auch das Trinken. Jesus nimmt Wein, das festliche Getränk des orientalischen Menschen.**
  Wein im Krug mit Bechern wird gebracht.
- **Die Buchrolle des Alten Bundes wird ersetzt durch das Neue Testament.**
  Ein Neues Testament wird auf den Tisch gestellt.
- **Um die Jünger auf das Mahl vorzubereiten, wusch Jesus ihnen zuvor die Füße.**
  Eine Schüssel mit einem Krug Wasser wird gebracht.
- **Im Gegensatz zum alttestamentlichen Mahl nimmt Jesus mit seinen Jüngern das Mahl in Ruhe ein.**

(7) *Lied:* GL 537 – Beim letzten Abendmahle (währenddessen wird ein großes Schild mit den Buchstaben NT zum Tisch gebracht)

Der Gottesdienst wird fortgesetzt mit den Lesungen und dem Evangelium.

B: *Anregungen für weitere Gemeindezusammenkünfte*

1. *Gebetsstunden*

„Wachet und betet mit mir". Diese Aufforderung des Herrn bekommt besonders in der Nacht des Gründonnerstags ihre besondere Bedeutung. Enttäuscht sagt Jesus zu seinen Jüngern am Ölberg: „Nicht einmal eine Stunde konntet ihr mit mir wachen und beten!" Dieser Vorwurf ist in vielfältiger Weise auch an die Menschen von heute gerichtet. Das Wachen und Beten in der Nacht des Gründonnerstags soll dem entgegengesetzt werden. Deshalb findet sich die Gemeinde nach der Abendmahlsfeier zum nächtlichen Gebet ein.

Diese Gebetstunden kennen viele Varianten und sind von Ort zu Ort verschieden. In manchen Gemeinden findet man sich nach Straßen und Ortsteilen, aber auch nach Ständen und Gruppierungen zum nächtlichen Gebet ein. Zum Teil sind die Gebetszeiten genau zeitlich angegeben, andernorts wird die Kirche in der Nacht zum stillen Gebet geöffnet. Sehr beliebt wurden Gebetswachen, die über mehrere Stunden gehen oder sich gar über mehrere Tage erstrecken.
Für die Gebetsstunden in der Gründonnerstagsnacht eignet sich eine Betrachtung gemäß den biblischen Ereignissen. Der folgende Vorschlag bietet hierfür ein ausgearbeitetes Modell.

„Das Geschehen der Gründonnerstagsnacht“

Diese Gebetsstunde orientiert sich an dem chronologischen Ablauf des nächtlichen Geschehens. Ausgangspunkt ist der Gang zum Ölberg, wo der Leidensweg begann. Die Berichte aller Evangelisten zeigen die dramatische Folge bis hin zur Gefangennahme und zur Verspottung im Morgengrauen an.
Die einzelnen Textstellen können durch Musik, Lieder, gemeinsames Gebet, Rosenkranz oder Psalmen unterbrochen werden. Eine Aufteilung der Texte auf zwei Sprecher erscheint sinnvoll. Der zweite Sprecher trägt wiederum wörtlich den Schrifttext vor.

(1) Ölberg – Lk 22,39–41

Sprecher 1:

Nach dem Abendmahl ging Jesus mit seinen Jüngern zum Ölberg. Alles, was einem Menschen an Not, Entsagung, Enttäuschung, Angst und Verlassenheit, aber auch an Folter, Spott und Hohn begegnen kann, nahm hier seinen Anfang.

Sprecher 2:

Dann verließ Jesus die Stadt und ging, wie er es gewohnt war, zum Ölberg; seine Jünger folgten ihm. Als er dort war, sagte er zu ihnen: Betet darum, daß ihr nicht in Versuchung geratet!

Dann entfernte er sich von ihnen ungefähr einen Steinwurf weit, kniete nieder und betete.

(2) Angst – Mk 14,33–36

Sprecher 1:

Jesus befiel große Furcht und Angst. Er ahnte, was ihm bevorstand.
Vielleicht denken wir an die vielen Menschen unserer Tage, die unter der Angst leiden, die mutlos geworden sind, die nichts mehr wagen und sich nichts mehr zutrauen.
Könnten wir nicht von Jesus etwas lernen?

Sprecher 2:

Da ergriff ihn Furcht und Angst, und er sagte zu ihnen: Meine Seele ist zu Tode betrübt. Bleibt hier und wacht! Und er ging ein Stück weiter, warf sich auf die Erde nieder und betete, daß die Stunde, wenn möglich, an ihm vorübergehe. Er sprach: Abba, Vater, alles ist dir möglich. Nimm diesen Kelch von mir! Aber nicht, was ich will, sondern was du willst, soll geschehen!

(3) Enttäuschung – Mk 14,37–42

Sprecher 1:

Enttäuscht muß Jesus feststellen, daß die drei Jünger in der für ihn so wichtigen Stunde schlafen. Er fühlt sich einsam und verlassen. Selbst auf seine besten Freunde kann er nicht bauen; und doch hält er durch.
Vielleicht denken wir an die vielen Enttäuschten, die durch Freunde oder Ehepartner, durch Kollegen oder gar durch uns als Mitchristen enttäuscht wurden. Wir sollten uns an die Einsamen in den Krankenstuben, in den Altenheimen und Gefängnissen erinnern,

aber auch an die, die sich in dieser Nacht inmitten ihrer Familie einsam vorkommen.
Könnten wir nicht auch hier von Jesus etwas lernen?

Sprecher 2:

Und er ging zurück und fand sie schlafend. Da sagte er zu Petrus: Simon, du schläfst? Konntest du nicht einmal eine Stunde wach bleiben? Wacht und betet, damit ihr nicht in Versuchung geratet. Der Geist ist willig, aber das Fleisch ist schwach.
Und er ging wieder weg und betete mit den gleichen Worten. Als er zurückkam, fand er sie wieder schlafend, denn die Augen waren ihnen zugefallen; und sie wußten nicht, was sie ihm antworten sollten.
Und er kam zum drittenmal und sagte zu ihnen: Schlaft ihr immer noch und ruht euch aus? Es ist genug. Die Stunde ist gekommen; jetzt wird der Menschensohn den Sündern ausgeliefert. Steht auf, wir wollen gehen! Seht, der Verräter, der mich ausliefert, ist da.

(4) Verrat – Lk 22,47–53

Sprecher 1:

Vom eigenen Freund verraten zu werden, ist wohl das Niederschmetterndste, das einem Menschen begegnen kann. Wie ein Hohn wirkt der Kuß, mit dem Judas den Soldaten Jesus zu erkennen gibt. Aber Jesus nimmt das hin.
Vielleicht denken wir an diejenigen, die andere durch übles Gerede verraten und bloßstellen. Mancher wird sich vielleicht sagen müssen, daß er selbst solches schon getan hat.
Könnten wir nicht durch den Verrat des Judas einiges für unser Leben lernen?

Sprecher 2:

Während er noch redete, kam eine Schar Männer; Judas, einer der Zwölf, ging ihnen voran. Er näherte sich Jesus, um ihn zu küssen. Jesus aber sagte zu ihm: Judas, mit einem Kuß verrätst du den Menschensohn?

Als seine Begleiter merkten, was (ihm) drohte, fragten sie: Herr, sollen wir mit dem Schwert dreinschlagen? Und einer von ihnen schlug auf den Diener des Hohenpriesters ein und hieb ihm das rechte Ohr ab. Jesus aber sagte: Hört auf damit! Und er berührte das Ohr und heilte den Mann.
Zu den Hohenpriestern aber, den Hauptleuten der Tempelwache und den Ältesten, die vor ihm standen, sagte Jesus: Wie gegen einen Räuber seid ihr mit Schwertern und Knüppeln ausgezogen. Tag für Tag war ich bei euch im Tempel, und ihr habt nicht gewagt, gegen mich vorzugehen. Aber das ist eure Stunde, jetzt hat die Finsternis die Macht.

(5) Gefangennahme – Joh 18,12–14

Sprecher 1:

Und die Soldaten nehmen Jesus gefangen, fesseln ihn und führen ihn ab.
Vielleicht denken wir an die vielen Gefangenen unserer Tage. Die Gefängnisse sind weithin überfüllt. Viele sind unschuldig in Haft. Andere können den jahrelangen und oft lebenslangen Freiheitsentzug kaum ertragen. Wieder andere sind gefangen durch Ideologien und politische Denkvorstellungen, durch Gewohnheit und Mode, durch Tradition und Vorurteile.
Könnten wir nicht von Jesus, der sich bereitwillig festnehmen ließ, lernen?

Sprecher 2:

Die Soldaten, ihre Befehlshaber und die Gerichtsdiener der Juden nahmen Jesus fest, fesselten ihn und führten ihn zuerst zu Hannas; er war nämlich der Schwiegervater des Kajaphas, der in jenem Jahr Hoherpriester war. Kajaphas aber war es, der den Juden den Rat gegeben hatte: Es ist besser, daß ein einziger Mensch für das Volk stirbt.

(6) Verleugnung – Lk 22,54–62

Sprecher 1:

Wie schmerzlich mag für Jesus die Verleugnung des Petrus gewesen sein. Was Jesus ihm beim Mahl sagte, tritt nun ein. Er nimmt es hin und weiß, daß es nur die Schwäche des Petrus ist.
Vielleicht denken wir an diejenigen, die so oft von uns nichts wissen wollen, uns nicht kennen und uns aus dem Weg gehen.
Könnten wir nicht gerade durch Petrus lernen, wie so vieles einfach nur mit vorübergehender Schwäche zu tun hat?

Sprecher 2:

Darauf nahmen sie ihn fest, führten ihn ab und brachten ihn in das Haus des Hohenpriesters. Petrus folgte von weitem. Mitten im Hof hatte man ein Feuer angezündet, und Petrus setzte sich zu den Leuten, die dort beieinandersaßen. Eine Magd sah ihn am Feuer sitzen, schaute ihn genau an und sagte: Der war auch mit ihm zusammen. Petrus aber leugnete es und sagte: Frau, ich kenne ihn nicht.
Kurz danach sah ihn ein anderer und bemerkte: Du gehörst auch zu ihnen. Petrus aber sagte: Nein, Mensch, ich nicht!
Etwa eine Stunde später behauptete wieder einer: Wahrhaftig, der war auch mit ihm zusammen; er ist doch auch ein Galiläer. Petrus aber erwiderte: Mensch, ich weiß nicht, wovon du sprichst.
Im gleichen Augenblick, noch während er redete, krähte ein Hahn. Da wandte sich der Herr um und blickte Petrus an. Und Petrus erinnerte sich an das, was der Herr zu ihm gesagt hatte: Ehe heute der Hahn kräht, wirst du mich dreimal verleugnen. Und er ging hinaus und weinte bitterlich.

(7) Spott – Lk 22,63–65 und Mt 26,67–68

Sprecher 1:

Nach der Gefangennahme wurde Jesus verspottet und geschlagen. Er mußte auf sich nehmen, was immer sich menschliche Grausamkeit ausdenken kann. Alles nahm er aber stillschweigend hin.

Vielleicht denken wir an die Vielen, die verhöhnt, verspottet und diskriminiert werden, die man zu Menschen zweiter Klasse abstempelt. Wir müßten an die Gefolterten und Gemarterten denken. Zu allen Zeiten der Geschichte gab es sie.
Nur von Jesus können wir in solchen Situationen etwas lernen.

Sprecher 2:

Die Wächter trieben ihren Spott mit Jesus. Sie schlugen ihn, verhüllten ihm das Gesicht und fragten ihn: Du bist doch ein Prophet! Sag uns: Wer hat dich geschlagen?
Dann spuckten sie ihm ins Gesicht und schlugen ihn. Andere ohrfeigten ihn und riefen: Messias, du bist doch ein Prophet! Sag uns: Wer hat dich geschlagen? Und noch mit vielen anderen Lästerungen verhöhnten sie ihn.

2. *Die Andacht der 40 Stunden*

Bis ins 2. Jahrhundert zurück reicht die Überlieferung, die über ein 40-stündiges Wachen, Fasten und Beten der Gemeinde am Grab des Herrn berichtet. Ausgangspunkt dieses Brauchtums war die Grabeskirche in Jerusalem und die 40stündige Todeszeit Jesu. Im Mittelalter breitet sich dieser Brauch in der Kirche aus und läßt in vielen Kirchen Nachbildungen des Heiligen Grabes entstehen. Grablegung und Grabesruhe werden bildhaft dargestellt. Sogar die Botschaft des Engels von der Auferstehung Jesu wird in mittelalterlichen Kirchen durch einen als Engel verkleideten Kleriker dramaturgisch in Szene gesetzt.
Die Zeit des 40stündigen Wachens und Betens wurde bis in die Barockzeit hinein immer stärker zu einer szenischen Darstellung der Grablegung, Grabesruhe und Auferstehung – wie noch heute einzelne Beispiele bezeugen. Erst durch die Aufklärungszeit wurde dieses Brauchtum zurückgedrängt.

Durch Wachen und Beten bekommt dieser alte Brauch heute wieder eine Bedeutung. Zum Wachen gehört auch die schweigende Stille und Meditation.
Die folgenden Anregungen nehmen dies auf und wollen die Tradition für heutige Menschen fruchtbar machen. Falls es nicht möglich ist, das

40stündige Gebet durchgehend zu begehen, könnten mehrere kürzere Gebetszeiten verschiedener Gruppen der Gemeinde eine gute Alternative sein.

Der Ablauf des 40stündigen Gebetes:
Dauer: Do 21.00 Uhr – Sa 23.00 Uhr
Verschiedene Gruppen der Gemeinde bilden Gebetskreise. Wird eine Gebetszeit von 4 Stunden je Gruppe vereinbart, müssen etwa 10 Gruppen mit jeweils etwa 5 Betern gebildet werden. Da jedoch erfahrungsgemäß bei guter Gestaltung insbesondere Jugendliche länger als 4 Stunden ausharren oder mehrmals eine Einheit mitbeten, kann man auch mit weniger Gruppen das 40stündige Gebet begehen. Gegebenenfalls ist eine Aufteilung der Gebetszeiten für Frauen/Männer/Senioren/Kinder sinnvoll. Ziel ist, daß möglichst viele Gemeindemitglieder daran teilnehmen.

Im folgenden ein Zeitplan:

Gründonnerstag:	20.00–21.00 Uhr	Abendmahl
	21.00–22.00 Uhr	Agape
	22.00–24.00 Uhr	Gebets- und Meditationszeit
Karfreitag:	0.00– 1.00 Uhr	Nächtlicher Spaziergang ohne Gespräch
	1.00–10.00 Uhr	Abwechselndes Beten der verschiedenen Gruppen
	10.00–11.00 Uhr	Kreuzweg
	11.00–15.00 Uhr	Stille Gebetswache einzelner Gruppen
	15.00–17.00 Uhr	Karfreitagsliturgie
	17.00–19.00 Uhr	Gebetszeiten
	19.00–20.00 Uhr	Mette
	20.00–24.00 Uhr	Gebetszeiten
Karsamstag:	0.00–22.00 Uhr	Gebetszeiten
	ca. 22.30– 0.30 Uhr	Osternachtfeier

Die Feier der Osternacht kann auch später angesetzt werden. Ein früherer Zeitansatz versinnbildlicht nicht, daß es sich dabei um eine

Nachtfeier handelt. Auch Kinder im Schulalter soll man in diese Feier mitnehmen und von der Gestaltung her entsprechend versuchen sie zu integrieren.

Für kleinere Kinder kann am frühen Abend eine entsprechende Feier angesetzt werden.

Einige Vorschläge für die Gestaltung der Gebetseinheiten:
Für Kinder
- kindgemäßer Kreuzweg
- ein Rollenspiel der Kinder über die Gefangennahme Jesu
- Wortgottesdienst mit Liedern und Fürbittgebeten
- Kreuzprozession

Für Jugendliche
- vgl. hierzu den Vorschlag zur Ölbergwache. Daraus können Elemente übernommen werden.
- Bildbetrachtung (Diaserien über die Karwoche und Osterliturgie sind bei den kirchlichen Medienstellen erhältlich)
- Elemente aus Stundengebet und Frühschichten
- Bußandacht
- Passionsgesänge, Passionsmusik

Für Erwachsene
- Andacht aus dem GL Nr. 781, 782
- (insbesondere mit älteren Menschen) schmerzhafter Rosenkranz mit homiletischen Einschüben
- Teile des Stundengebets (mit Homilie der Kurzlesung)
- Andacht aus dem GL, Anhang Freiburg/Rottenburg – Stuttgart, Nr. 937 (nachts)
- Bildbetrachtung mit meditativer Musik
- Bußandacht

Die einzelnen Gebetszeiten sollen auch für Gebetsbesuche kürzerer Zeit offen sein und finden sinnvollerweise in der Kirche oder in einer Seitenkapelle statt.

3. *Ölbergwache mit Jugendlichen bis zur Karfreitagsliturgie*

Bei den Gebetsstunden am Gründonnerstag steht nicht ein triumphaler Sieger im Mittelpunkt des Gedenkens. Es ist vielmehr eine Anbetung dessen, der sich bis zum letzten entäußert, ausgeliefert und erniedrigt hat. Es kann ein Verweilen sein bei dem, der Leiden und Tod auf sich nahm, um uns das Leben zu geben.
Mögliche inhaltliche Stationen dieser Nachtwache könnten sein:

Verrat des Judas
Ölbergszene: „Konntet ihr nicht einmal eine Stunde mit mir wachen" (Mt 26,40f).
Gefangennahme Jesu
Verhör
Verleugnung und Flucht des Petrus
Verspottung Jesu

Die Ölbergwache am Gründonnerstag schließt sich an die Abendmahlsfeier mit der Gemeinde und einer darauffolgenden Agape an. Dabei scheint es sinnvoll, daß die Agape von den Jugendlichen getragen wird, denn sie sind es, die an der Ölbergwache teilnehmen.
Die Ölbergwache beginnt also mit der Agapenfeier und endet mit der Karfreitagsliturgie.

Das Agapenmahl besteht aus einfachen Speisen. Brot, Käse und Wein können gereicht werden, oder falls Alkohol ungeeignet erscheint – Milch, Safte etc. Begleitet wird das Mahl durch Bildbetrachtungen zu Szenen der Passion (Dauer bis zu 2 Stunden).

23.00 Uhr Kreuze bauen:
Aus bereitliegenden Holzteilen (Balken, Baumstämme junger Bäume – geeignetes Fallholz, das man zuvor beschafft hat oder in der Nacht im Wald sucht) werden große Kreuze gebaut. Eines davon dient als Kreuz für die Karfreitagsliturgie (Gemeindekreuz).

24.00 Uhr Mitternachtsvigil:
Um Mitternacht sollte eine Gebetszeit stattfinden (ein günstiger Zeitpunkt dafür ist nach dem Abschluß des Kreuzbauens). Die Gruppe

geht mit einem Kreuz in die Kapelle/Kirche (ein meditativer Gang durch die Nacht kann sinnvoll sein. Thema: Jesu Weg – Mein Weg). Dort wird das Abschiedsgebet Jesu (Joh 17,1–26) gelesen und kurz erschlossen. Meditative Musik, Ps 22 (gesungen) und ‚Vater Unser' bilden den Abschluß (Dauer etwa 30–45 Min).

1.00 Uhr Nachtmahl:
Gegen 1 Uhr empfiehlt sich ein kleiner Imbiß:
Käsehappen, Milch, Brot, Quark. Es sollte nur wenig gereicht werden.

2.00 Uhr Leid der Welt:
Gemeinsam oder in kleinen Gruppen schreiben die Jugendlichen die Nöte dieser Welt auf Zettel und befestigen diese an dem Gemeindekreuz.

3.00 Uhr Stilles Gebet: (ca. von 3.00–6.00 Uhr)
Hier hat jeder Teilnehmer die Möglichkeit, für sich zu sein:
- Gebet in der Kirche (dort sollen einige Kerzen brennen und zeitweise sollte meditative Musik erklingen)
- Gemeinsames geistliches Singen in einem geeigneten Raum
- Spaziergang
- Ruhe, Schlaf

7.00 Uhr Laudes:
Bei Beginn der Dämmerung singt die Gruppe gemeinsam die Laudes. Anschließend beendet ein einfaches Frühstück die Nachtwache.

8.00 Uhr Frühstück:
Es wird gereicht: Tee, Kaffee, Milch, Brot, Käse, Honig, Quark.
Bis gegen 11.00 Uhr sollte dann Möglichkeit zu etwas Ruhe gegeben sein. Entweder gehen die Jugendlichen nach Hause oder sie schlafen in Schlafsäcken in einem Jugendraum.

11.00 Uhr Kreuzweg:
Möglichst im Freien sollte dann ein Kreuzweg stattfinden. Er kann auf wenige Stationen beschränkt werden und von Jugendlichen in der Österlichen Bußzeit vorbereitet werden. Als Strukturmuster legt sich nahe:

Schriftlesung (vor Kreuzwegstation oder geeigneter bildlicher Darstellung der Perikope)
Auslegung oder kurzes Gespräch
Fürbitte
Lied

12.00 Uhr Mittagsmahl:
Als einfaches Mahl werden gerichtet:
Pellkartoffeln mit Kümmel, Quark, Milch bzw. Buttermilch, etwas Butter.
Infolge der anstrengenden vorausgegangenen Stunden ist mit großem Appetit der Jugendlichen zu rechnen. Jeder soll so viel essen können, daß er gesättigt wird.

13.00 Uhr Ruhepause

15.00 Uhr Karliturgie:
Um 15 Uhr feiert die ganze Gemeinde den Leidensweg Christi. Die Jugendlichen tragen während der Kreuzprozession ihre Kreuze mit. Im Mittelpunkt der Feier stehen die Lesungen aus der Schrift, die Passion und das Gemeindekreuz.
Mit dieser Feier endet die Ölbergwache der Jugendlichen.

4. *Veranschaulichung des Gründonnerstagsgeschehens*
„Als die Stunde gekommen war"
(mit 12 Ministranten um den Altar)

In dieser Andacht soll die Gemeinde das Abendmahls- und Ölbergsgeschehen – wie der Evangelist Lukas es schildert (Lk 22,14–54) – miterleben.
Der Priester setzt sich dabei mit 12 Ministranten um den Altar. Das, was gesprochen wird, entspricht wortgetreu dem Evangelium. Die dramatische Abschiedsrede Jesu mit den Fragen, die seine Jünger an ihn richten, bringt viel Spannung und Abwechslung. Vom Ambo aus schildert der Evangelist, der zugleich auch Kommentator ist, die Situation und die verschiedenen Handlungen. Die Worte Jesu spricht der Pfarrer und was die Jünger dabei sagten, sprechen die Ministranten. Diese Art der Verkündigung ist weder theatralisch, noch wird ein Spiel daraus gemacht. Der biblische Bericht wird lediglich von mehre-

ren gesprochen und die äußere Haltung, wie das Sitzen und Stehen um den Altar, veranschaulichen die Situation gegenwartsnah.
Gut vorstellbar wäre es, diese lebendige Konfrontation mit dem Gründonnerstagsgeschehen vor der Abendmahlsmesse anzubieten und zu dieser einen kurzen zeitlichen Abstand (5–10 Min.) zu wahren. Man sollte darauf achten, daß durch die fast unmittelbare Aufeinanderfolge der Evangelientexte (Lukas in der Andacht, Johannes in der Messe) bei den Gläubigen keine verwirrenden Eindrücke entstehen. Es empfiehlt sich ein Hinweis darauf, daß der Evangelist Johannes im Unterschied zu Lukas die Fußwaschung Jesu an den Jüngern besonders hervorhebt.

Das Gespräch sollte so verlaufen:
E – Evangelist, er spricht vom Ambo aus
\+ – Jesus, er sitzt inmitten seiner Jünger um den Altar
S – Sonstige Person, einer der Ministranten
Der zweite Teil „am Ölberg" könnte im Anschluß an den Gottesdienst stehend gesprochen werden.

• *Orgelmusik zu Beginn*
Priester kommt alleine zum Ambo.

• *Begrüßung*
Liebe Gemeinde. Wir wollen heute den Gründonnerstag so feiern, wie ihn Jesus mit seinen Jüngern begangen hat. 12 Ministranten sollen auf die Jünger hinweisen. Die Texte sind dem Evangelium von Lukas (22,14–54a) entnommen. Laßt uns voll innerer Hingabe diesen Gottesdienst feiern.

• *Orgelmusik*
Währenddessen kommen die Ministranten von allen Seiten der Kirche in den Chorraum und setzen sich mit dem Pfarrer um den Altar. – Der Lektor, der den Text des Evangelisten spricht, geht zum Ambo.

• *Verkündigung*
Der Pfarrer spricht die Jesus-Texte, der Lektor die des Evangelisten.

E Als die Stunde gekommen war, begab sich Jesus mit den Aposteln zu Tisch. Und er sagte zu ihnen:

\+ Ich habe mich sehr danach gesehnt, vor meinem Leiden dieses Paschamahl mit euch zu essen. Denn ich sage euch: Ich werde es nicht mehr essen, bis das Mahl seine Erfüllung findet im Reich Gottes.

E Und er nahm den Kelch, sprach das Dankgebet und sagte:

\+ Nehmt den Wein, und verteilt ihn untereinander! Denn ich sage euch: Von nun an werde ich nicht mehr von der Frucht des Weinstocks trinken, bis das Reich Gottes kommt.

E Und er nahm Brot, sprach das Dankgebet, brach das Brot und reichte es ihnen mit den Worten:

\+ Das ist mein Leib, der für euch hingegeben wird. Tut dies zu meinem Gedächtnis!

E Ebenso nahm er nach dem Mahl den Kelch und sagte:

\+ Dieser Kelch ist der Neue Bund in meinem Blut, das für euch vergossen wird. Doch seht, der Mann, der mich verrät und ausliefert, sitzt mit mir am Tisch. Der Menschensohn muß zwar den Weg gehen, der ihm bestimmt ist. Aber weh dem Menschen, durch den er verraten wird.

E Da fragte einer den anderen, wer von ihnen das wohl sei, der so etwas tun werde. Es entstand unter ihnen ein Streit darüber, wer von ihnen wohl der Größte sei. Da sagte Jesus:

\+ Die Könige herrschen über ihre Völker, und die Mächtigen lassen sich Wohltäter nennen. Bei euch aber soll es nicht so sein, sondern der Größte unter euch soll werden wie der Kleinste, und der Führende soll werden wie der Dienende. Welcher von beiden ist größer: wer bei Tisch sitzt oder wer bedient? Natürlich der, der bei Tisch sitzt. Ich aber bin unter euch wie der, der bedient. In allen meinen Prüfungen habt ihr bei mir ausgeharrt. Darum vermache ich euch das Reich, wie es mein Vater mir vermacht hat: Ihr sollt in meinem Reich mit mir an meinem Tisch essen und trinken, und ihr sollt auf Thronen sitzen und die zwölf Stämme Israels richten. Simon, Simon, der Satan hat verlangt, daß er euch wie Weizen sieben darf. Ich aber habe für dich gebetet, daß dein Glaube nicht erlischt. Und wenn du dich wieder bekehrt hast, dann stärke deine Brüder.

E Darauf sagte Petrus zu ihm:

S Herr, ich bin bereit, mit dir sogar ins Gefängnis und in den Tod zu gehen.

E Jesus erwiderte:

\+ Ich sage dir, Petrus, ehe heute der Hahn kräht, wirst du dreimal leugnen, mich zu kennen.

E Dann sagte Jesus zu ihnen:

\+ Als ich euch ohne Geldbeutel aussandte, ohne Vorratstasche und ohne Schuhe, habt ihr da etwa Not gelitten?

E Sie antworteten:

S Nein!

E Da sagte er:

\+ Jetzt aber soll der, der einen Geldbeutel hat, ihn mitnehmen, und ebenso die Tasche. Wer aber kein Geld hat, soll seinen Mantel verkaufen und sich dafür ein Schwert kaufen. Ich sage euch: An mir muß sich das Schriftwort erfüllen: Er wurde zu den Verbrechern gerechnet. Denn alles, was über mich gesagt ist, geht in Erfüllung.

E Da sagten sie:

S Herr, hier sind zwei Schwerter.

E Er erwiderte:

\+ Genug davon!

• *Loblied als Zwischengesang*

In Angleichung an den Lobgesang im Abendmahlsaal singt die Gemeinde ein Lied, etwa GL 258, Lobe den Herren.

• *Am Ölberg* (Fortsetzung der Verkündigung)

E Dann verließ Jesus die Stadt und ging, wie er es gewohnt war, zum Ölberg; seine Jünger folgten ihm. Als er dort war, sagte er zu ihnen:

\+ Betet darum, daß ihr nicht in Versuchung geratet!

E Dann entfernte er sich von ihnen ungefähr einen Steinwurf weit, kniete nieder und betete:

\+ Vater, wenn du willst, nimm diesen Kelch von mir! Aber nicht mein, sondern dein Wille soll geschehen.

E Da erschien ihm ein Engel vom Himmel und gab ihm neue Kraft.

Und er betete in seiner Angst noch inständiger, und sein Schweiß war wie Blut, das auf die Erde tropfte. Nach dem Gebet stand er auf, ging zu den Jüngern zurück und fand sie schlafend, denn sie waren vor Kummer erschöpft. Da sagte er zu ihnen:

\+ Wie könnt ihr schlafen? Steht auf und betet, damit ihr nicht in Versuchung geratet!

E Während er noch redete, kam eine Schar Männer; Judas, einer der Zwölf, ging ihnen voran. Er näherte sich Jesus, um ihn zu küssen. Jesus aber sagte zu ihm:

\+ Judas, mit einem Kuß verrätst du den Menschensohn?

E Als seine Begleiter merkten, was ihm drohte, fragten sie:

S Herr, sollen wir mit dem Schwert dreinschlagen?

E Und einer von ihnen schlug auf den Diener des Hohenpriesters ein und hieb ihm das rechte Ohr ab. Jesus aber sagte:

\+ Hört auf damit!

E Und er berührte das Ohr und heilte den Mann. Zu den Hohenpriestern aber, den Hauptleuten der Tempelwache und den Ältesten, die vor ihm standen, sagte Jesus:

\+ Wie gegen einen Räuber seid ihr mit Schwertern und Knüppeln ausgezogen. Tag für Tag war ich bei euch im Tempel, und ihr habt nicht gewagt, gegen mich vorzugehen. Aber das ist eure Stunde, jetzt hat die Finsternis die Macht.

E Darauf nahmen sie ihn fest, führten ihn ab und brachten ihn in das Haus des Hohenpriesters.

5. *Gründonnerstag mit Kindern*

(Erzählung, begleitet durch aufgelegte Bilder)

Hier soll ein Vorschlag unterbreitet werden, wie der Gründonnerstag mit Kindern gefeiert werden kann. Es handelt sich dabei um einen Wortgottesdienst oder in gewisser Hinsicht um ein biblisches Gespräch. Ort dafür kann die Kirche oder ein Gruppenraum sein. Das Hilfsmedium ist das Flanelltuch. Die Bilder können aber auch nur einfach auf den Boden gelegt werden. Wenn man im Kreis sitzt, hat jeder genügend Einblick zum Bild.

Das Geschehen des Gründonnerstags wird in Abschnitten erzählt und

das dazu gehörende Bild wird an dem Flanelltuch angeheftet oder auf den Boden gelegt.
Die Bilder können von den Kindern in der Vorbereitung auf den Gründonnerstag gemalt oder ausgeschnitten werden. Vielleicht ist eine Zusammenarbeit mit Lehrern der Kinder möglich, so daß solche Bilder im Schulunterricht gefertigt werden können.
Wenn es nicht möglich ist, die Begleitbilder von den Kindern selbst herstellen zu lassen, kann man auch auf gekaufte Bilderserien zum Thema zurückgreifen. (Eine gelungene graphische Gestaltung solcher Flanellbilder zur Bibel wird vom Christophorus-Verlag Freiburg angeboten.)

Bild 1: Der Ort des Mahlgeschehens

Jesus bereitete sich auf das Mahl vor und schickte zwei seiner Jünger voraus, um den Saal vorzubestellen.
Dies kann im Gespräch über die Textstelle Mk 14,12–14 den Kindern nahegebracht werden.
Das Begleitbild zeigt:
– Ein geräumiges Haus im Orient.
– Jünger, die mit dem Hausherrn über die Vorbestellung verhandeln.

Bild 2: Das Obergemach

Der Hausherr und die Jünger richteten dann das Obergemach her und bereiteten das Mahl vor.
Textstelle: Mk 14,14–16.
Das Begleitbild zeigt:
– Einen großen Raum, der festlich geschmückt ist.
– Darin stehen Tische, Stühle, Bänke für die Gäste.

Bild 3: Jesus und die Jünger kommen

Als alles vorbereitet war, ging Jesus mit seinen Jüngern in den Saal, um das Paschamahl zu halten, wie es Sitte beim jüdischen Volk war.
Das Begleitbild zeigt:
– Jesus und die Jünger betreten das vorbereitete Obergemach.

Bild 4: Die Jünger nehmen Platz

Der Saal ist gerichtet, die Jünger können das Mahl feiern. Zuerst nimmt Jesus Platz und dann werden die 12 Jünger an den Tisch gesetzt.

Das Begleitbild zeigt:
- Jesus und die Jünger nehmen Platz.
- Einige sitzen schon, andere gehen auf den Tisch zu.

Bild 5: Jesus feiert mit den Jüngern das Paschamahl

Wie es zum Osterfest beim jüdischen Volk Brauch war, so feierte auch Jesus mit seinen Jüngern das Paschamahl. Dabei wurden die Verse Ex 12,1–8.11–14 vorgelesen.

Dieser Text kann jetzt auch vorgelesen oder mit schlichten Worten nacherzählt werden.

Das Begleitbild zeigt:
- Die Mahlgemeinschaft sitzt am Tisch.
- Einer der Jünger liest das Paschageschehen vor, andere hören zu.
- Lammbraten, Fladenbrot und Bitterkräuter befinden sich auf dem Tisch.

Bild 6: Das Abendmahl

Darauf feierte Jesus mit den Jüngern das Abendmahl.

Textstelle: Mt 26,26–29.

Das Begleitbild zeigt:
- Die Jünger sehen aufmerksam auf Jesus.
- Vor Jesus liegt Brot, in seiner Hand hält er einen Kelch mit Wein.

Bild 7: Die Fußwaschung

Im Anschluß an das Abendmahl hat Jesus dann den Jüngern die Füße gewaschen.

Textstelle: Joh 13,4–15.

Das Begleitbild zeigt:
- Eine Gruppe ungläubig staunender Jünger.

- Ein Jünger sitzt auf einem Hocker, seine nackten Füße hält er in eine Schüssel.
- Jesus kniet vor ihm und wäscht ihm die Füße.

Bild 8: Blutschwitzen am Ölberg

Daraufhin begab sich Jesus auf den Ölberg, wo er in der Vorahnung auf sein Leiden Angst hatte und Blut schwitzte. Seine Jünger aber schliefen.

Textstelle: Lk 22,39–46.

Das Begleitbild zeigt:
- Einen Garten, der mit großen Bäumen bestanden ist.
- Zwei, drei kleine Gruppen von schlafenden Jüngern.
- Jesus kniet einsam abseits von den Jüngern und betet voller Angst zu seinem Vater.

Bild 9: Der Verrat und die Gefangennahme

Inzwischen kommen Soldaten mit Lanzen. Sie werden angeführt durch Judas, der auf Jesus zugeht und ihn mit einem Kuß verrät.

Textstelle: Lk 22,47–53.

Das Begleitbild zeigt:
- Einen Garten, der mit großen Bäumen bestanden ist.
- Eine Schar bewaffneter Soldaten.
- Judas, der ihnen vorauseilt, um Jesus durch einen Kuß zu verraten.

Bild 10: Das Verhör

Daraufhin wurde Jesus zum Hohenpriester geführt, der ihn verhörte.

Textstelle: Joh 18,12–13.19–24.

Das Begleitbild zeigt:
- Jesus steht gefesselt vor dem Hohenpriester, der ihn verhören will.
- Eine Schar bewaffneter Soldaten.
- Eine kleine Gruppe von schaulustigen Schriftgelehrten.

Bild 11: Die Verleugnung des Petrus

Während Jesus verhört wurde, war Petrus im Hofe des Hohenpriesters am Feuer. Eine Frau wollte ihn erkannt haben, er aber leugnete dreimal. Kurz darauf krähte der Hahn.

Textstelle: Lk 22,54–62.

Das Begleitbild zeigt:

- Den Innenhof eines bescheidenen Palastes.
- Ein Lagerfeuer in der Mitte des Innenhofes.
- Männer und Frauen, die ums Feuer sitzen.
- In einer Ecke des Bildes steht Petrus, verzweifelt, weil er den Herrn verraten hat.
- Über ihm sieht man den Hahn, der ihn durch sein Krähen mahnt.

KARFREITAG

I. Allgemeine Erläuterungen

1. *Zur Bedeutung des Tages*

Die herausragende Botschaft dieses Tages verkündet, daß unser Gott auch die Tiefen des Leidens, der Trauer und des Todes erfahren hat, also menschliches Elend kennt. So scheint die Menschlichkeit Gottes in Jesus Christus vollständig auf: „Als er auf Erden lebte, hat er die Gebete und Bittrufe mit lautem Schreien und mit Tränen vor den getragen, der ihn aus dem Tod retten konnte" (Hebr 4,7). Die Leidens- und Todeserfahrung Jesu mitgehen im Hören und Bedenken, dazu will der Rahmen des Karfreitags beitragen.
Zugleich ist dieser Tag auch eine Anfrage an jeden Christen, wie er mit seinem Kreuz und Leid umgeht. Wer in der Hoffnung lebt, daß trotz aller offenen Fragen und Ängste hinter allem Gott selbst und damit der Friede und die Erlösung lebt, der geht durch den Karfreitag hindurch auf Ostern zu.
Derart steht der Karfreitag in einer Spannung zwischen Trauer und Freude. Ist doch das Sterben des Herrn zugleich ein Grund zur Klage und zur Freude, da aus dem Tod in seiner Auferstehung das Leben erwächst. Seine Passion gewinnt ihre Deutung durch das folgende Osterfest – der Karfreitag wird durch das Licht des Ostermorgens hindurch besehen hell.

2. *Zur Liturgie des Tages*

Der Karfreitag ist als Todestag Jesu von jeher ein Tag des Fastens und der Stille. Aus den ersten christlichen Jahrhunderten ist keine eigene Karfreitagsliturgie bekannt. Im 4. Jahrhundert bildeten sich dann schließlich verschiedene Formen nichteucharistischer Gottesdienste heraus. Auch heute findet nach altem Brauch keine Eucharistiefeier statt. Am Nachmittag wird die Gedächtnisfeier vom Leiden und Sterben Christi gefeiert. Diese gliedert sich in folgende Teile:

Wortgottesdienst
- Schriftlesungen
- Passion
- Fürbitten

Kreuzverehrung
- Enthüllung des Kreuzes
- Verehrung des Kreuzes

Kommunionfeier

Bei der Erneuerung der Karwoche (1956) war die Struktur der Liturgie des Karfreitags umstritten. Viele Berater plädierten für eine eindeutig nicht-eucharistische Feier und befürworteten – frühchristlichem Brauch entsprechend – den vollständigen Wegfall der Kommunionfeier, die bis dahin in der Regel nur eine Klerikerkommunion war. Bestandteil der Feier wäre dann der Wortgottesdienst mit der abschließenden symbolischen Handlung der Kreuzverehrung gewesen.
Der jetzige Aufbau der Liturgie geht auf diese Schwerpunkte ein.

3. *Traditionen und Brauchtum am Karfreitag*

Der Tag steht mit seiner Stille und Besinnlichkeit, mit schweigenden Glocken und verstummter Orgel, mit Fasten und Beten ganz im Zeichen der Trauer. Öffentliche Veranstaltungen sind vielerorts untersagt, viele Lokale geschlossen. Der Karfreitag ist nicht nur Fasttag, sondern für die Katholiken auch ein fleischloser Tag. Die Tagesspeise bestand in alter Zeit nur aus Wasser und Brot oder einem Mehlbrei. In vielen Gegenden ißt man an diesem Tag Fisch oder mit Spinat gefüllte Maultaschen. Die fleischlose Mahlzeit wird damit begründet, daß man an diesem Tag auf ein besonderes Essen verzichtet. Durch das Fasten, also dem bewußten „weniger essen“, soll man sich auf das Leiden Jesu einstimmen.
In manchen Gegenden gibt es die Karfreitagsbrezel oder den Judasstrick, ein in der Form eines gewundenen Strickes hergestelltes Gebäck, als einzige Speise.
Nicht nur die Kirchenglocken schweigen, sondern auch die Glöckchen der Ministranten. Statt diesen wird mit Holzklappern gerätscht. Für die Ministranten ist das immer besonders interessant. Mancherorts

werden sogar die Gläubigen durch eine mächtige, laut klappernde Rätsche vom Kirchturm aus zum Gottesdienst gerufen.
Die Besonderheit des Karfreitags wird aber auch durch geistige Musik, Orgelkonzerte und durch die verschiedenen Passionen hervorgehoben.

4. *Die Gestaltung des Karfreitags*

Im Mittelpunkt des Tages steht zweifellos die Liturgie. Sie findet meistens am Nachmittag um 15.00 Uhr statt. Zeitlich soll damit an die Todesstunde Jesu erinnert werden. Die *Passion nach Johannes* ist einer der Höhepunkte während der Liturgie. Oft wird sie vom Chor gesungen. Wenn dies nicht möglich ist, tragen verschiedene Sprecher die Passion vor.
In vielen Gemeinden wird am Morgen des Tages der *Kreuzweg* gebetet. Wenn es im freien Gelände Kreuzwegstationen gibt, sei es am Friedhof oder am Weg zu einer Kirche, so geht man betend diesen Weg.
Kreuzprozessionen sind in südlichen Ländern zu einer großen Tradition geworden. Italienische Gastarbeiter haben diesen Brauch auch nach Deutschland gebracht. Bei diesen Kreuzprozessionen begleiten den Kreuzträger Jesus Soldaten, Hohepriester und jüdisches Volk in den Gewändern der damaligen Zeit.
Immer häufiger werden aber auch Kreuzprozessionen, bei denen ein schlichtes, einfaches Kreuz von Männern oder Jugendlichen, durch die Gemeinde zu einem Berg oder zu einer Kirche getragen wird.
Besonders in den Ländern des Ostens ist der Besuch des Heiligen Grabes sehr verbreitet. Vor allem in Städten, in denen es mehrere Kirchen gibt, ist es Brauch und Sitte, das *Heilige Grab* in den jeweiligen Kirchen zu besuchen. Ähnlich wie beim Besuch der Krippe wird dabei besonders auf das schön gestaltete und geschmückte Heilige Grab geachtet.
Gerne wird am Abend des Karfreitags die *Mette* gebetet. (Gotteslob – Eigenteil Freiburg/Rottenburg – Stuttgart Nr. 934). Der Tag wird somit abgeschlossen.
Inzwischen wird auch in manchen Gemeinden eine *Passionskrippe* aufgebaut. Sie zeigt in einer figürlichen Darstellung das Leiden und Sterben Jesu mit den einzelnen Stationen.

II. Anregungen zur Verlebendigung der Liturgie

Die Karfreitagsliturgie ist mit den Schriftlesungen, der Passion nach Johannes, sowie mit den ausführlichen Fürbitten, der Kreuzenthüllung und -verehrung und der Kommunionfeier sehr lang. Für viele ist diese Feier trotz ihrer Besonderheit zu wenig abwechslungsreich. Vor allem ist es sehr schwierig, die mitfeiernde Gemeinde aktiv zu beteiligen. Lediglich für die Ministranten und den Chor bildet diese Feier einen Höhepunkt im Ablauf des Kirchenjahres.
Hier sollen nun einige Vorschläge gemacht werden, die Liturgie zu beleben.

A: *Anregungen zum nachmittäglichen Hauptgottesdienst*

1. *Vorstellen der Marterwerkzeuge in der Liturgie* (anstelle der Homilie)

Ein interessanter Beitrag zur Karfreitagsliturgie könnte es sein, die Marterwerkzeuge vorzustellen, an denen sich das Leiden Jesu manifestiert. Diese der Gemeinde vorzustellen und damit auf das Leiden Jesu einzugehen, kann zu einer wesentlichen Verlebendigung der Karfreitagsliturgie beitragen. Dabei scheint es angebracht, einen sinnvollen Bezug zur heutigen konkreten Situation herzustellen.

Nach der Verkündigung der Passion werden anstelle der kurzen Homilie die Gegenstände (Strick, Geißel, Dornenkrone, Purpurmantel, Schilfrohr, Nägel, Hammer, Leiter, Würfel, Schwamm, Inschrifttafel, Lanze, Zange, Tuch) von den Ministranten nacheinander zum Altar gebracht und dort aufgestellt.
Ein Sprecher liest dazu jeweils einen kurz erläuternden Text, während der Ministrant den Gegenstand der Gemeinde vorhält, um ihn dann vor oder auf den Altar zu stellen. Damit die Gegenstände in ihrer Gesamtheit ein Bild ergeben, sollte alles vorher einmal geprobt werden.
Die Gegenstände bleiben während der ganzen Liturgie stehen. Sie sollen der Gemeinde ein anschauliches Bild vom Leiden Jesu vermitteln.

Zum Teil wird es nötig sein, das Schaumaterial vergrößert anzufertigen (z. B. Hammer, Zange, Nägel, Würfel), damit es für alle Teilnehmer gut sichtbar ist. Für die Anfertigung eignen sich Holz, Papier und Styropor.

Betrachtung zu den Leidenswerkzeugen:

Strick
Am Ölberg wurde Jesus von den Soldaten gefesselt abgeführt.

Stricke schnüren ein. Mit ihnen werden Menschen gefesselt. Stricke machen uns unbeweglich und unfrei.

Geißel
Nachdem das Verhör durch Pilatus keinen Erfolg hatte, ließ er Jesus geißeln.

Ungezählte werden heute geschlagen, gefoltert, und ausgepeitscht.

Dornenkrone
Zum Spott vor den Menschen wurde Jesus mit Dornen gekrönt.

Auch die Dornen der kleinen Sticheleien und spitzen Bemerkungen reißen die Haut der Menschen blutig.

Purpurmantel
Und sie legten einen Purpurmantel an und verhöhnten ihn.

Wie viele werden heute von anderen bloßgestellt und lächerlich gemacht.

Schilfrohr
Als Szepter gaben sie ihm ein Schilfrohr in die Hand.

Die Zahl derer, die heute entwürdigt werden, ist groß.

Nägel
Der Überlieferung nach wurde Jesus mit drei Nägeln ans Kreuz geschlagen.

Viele Menschen unserer Tage sind wie festgenagelt in unerträglicher Ausbeutung und Unterdrückung.

Hammer

Zu den Marterwerkzeugen gehört auch der Hammer.

Immer wieder werden die berechtigten Hoffnungen und Erwartungen vieler wie mit einem Hammer zerschlagen.

Leiter

Mit Hilfe einer Leiter wurde das Kreuz aufgerichtet.

Auf der Erfolgsleiter des Lebens steigt so mancher ohne Rücksicht auf den andern höher.

Würfel

Und sie würfelten um sein Gewand.

Wie oft heißt es: Die Würfel sind gefallen. Vertane Chancen – keine Hoffnung mehr?

Schwamm

Auf einem Hysopstengel wurde ein mit Essig getränkter Schwamm dem Leidenden am Kreuz gereicht.

Den Dürstenden unserer Tage wird oft durch Kleinlichkeit und Egoismus das Leben sauer gemacht.

Inschrift am Kreuz

„Jesus von Nazaret – König der Juden" ließ Pilatus ans Kreuz schreiben.

Das geschriebene Wort verhallt nicht, sondern hält alles unbarmherzig fest.

Lanze

Eine Lanze wurde Jesus ins Herz gestoßen. Man wollte Sicherheit haben, daß er wirklich tot ist.

Unsere Lanzen, in welche Herzen treffen sie?

Zange
Mit einer Zange wurden die Nägel herausgezogen.

Auf vielfältige Weise werden Menschen innerlich und äußerlich zerrissen.

Tuch
In ein Tuch wurde der Leichnam gehüllt und ins Grab gelegt.

In welch vielfältiger Weise wird die Botschaft Jesu heute verhüllt?

2. *Die großen Fürbitten*
(1) *Für die Kirche*

Lasset uns beten für die heilige Kirche Gottes, für den Papst, die Bischöfe und für alle, die im Dienste der Kirche stehen, daß unser Gott und Herr ihnen Frieden schenke auf der ganzen Erde, sie eine und behüte und allen ein Leben gewähre in Freiheit und Sicherheit.
Beuget die Knie. – Erhebet euch.

Allmächtiger, ewiger Gott, du hast allen Völkern in Christus deine Herrlichkeit aufgetan. Wir bitten dich für die verfolgte Kirche und für all die Vielen, die um ihres Glaubens willen unter der Last des Kreuzes niedergedrückt werden. Gib ihnen die Gnade, dir in Treue zu dienen.

(2) *Für die Regierenden*

Lasset uns beten für die Regierenden in allen Ländern der Welt, daß der Herr ihren Willen lenke, sie sich um Frieden und Freiheit bemühen und so zum Wohl der Menschen beitragen.
Beuget die Knie. – Erhebet euch.

Allmächtiger, ewiger Gott. Gib, daß durch das Geschick der Mächtigen die Menschen vor Ausbeutung, Diskriminierung und Unterdrückung geschützt werden. Laß auf der ganzen Welt die Menschen tapfer und mutig sein, die unter dieser Last des Kreuzes zu leiden haben.

(3) *Für die Gemeinde*

Lasset uns beten für unsere Gemeinde, daß unser Herr und Gott sie beschütze und leite auf dem Weg des Glaubens, der gegenseitigen Verantwortung und der Gemeinschaft.
Beuget die Knie. – Erhebet euch.

Allmächtiger, ewiger Gott. Du kannst Resignation und Gleichgültigkeit überwinden. Erbarme dich unserer Gemeinde und gib allen Kraft, die ihr eigenes Kreuz zu tragen haben in Familie, Beruf, in Schule und Gemeindeleben.

(4) *Für die Einheit der Christen*

Lasset uns beten für alle Christen dieser Welt, die in verschiedene Konfessionen gespalten sind, daß sie wieder zur Einheit des Glaubens und der Kirche zusammenfinden.
Beuget die Knie. – Erhebet euch.

Allmächtiger, ewiger Gott, gib, daß wir alle zur Überwindung der Glaubensspaltung beitragen. Erbarme dich der Christenheit, die durch das Blut deines Sohnes erlöst wurde, die aber in so vielfältiger Weise unter der Uneinigkeit und Zerrissenheit leidet.

(5) *Für die Gefangenen*

Lasset uns beten für die Insassen der Gefängnisse, aber auch für die, die durch Ideologien und aufgezwungene Propaganda in ihrer Freiheit sich nicht entfalten können.
Beuget die Knie. – Erhebet euch.

Allmächtiger Gott, gib, daß sich für die Gefangenen die Kerker öffnen, die Fesseln sich lösen und jeder von Unfreiheit und Sklaverei befreit werde, damit er ein Leben führen kann in Frieden und sozialer Gerechtigkeit.

(6) *Für die Leidenden*

Lasset uns beten für die leidenden Menschen dieser Welt: Für die Kranken und Niedergeschlagenen, für die Einsamen und Verlassenen, daß sie im Kreuze unseres Herrn die Kraft finden, mit ihrem Schicksal fertig zu werden.

Beuget die Knie. – Erhebet euch.

Allmächtiger, ewiger Gott. Höre auf alle, die aus ihrer Bedrängnis zu dir rufen. Laß sie in jeglicher Not deine Barmherzigkeit erfahren und mit ihren Schicksalsschlägen fertig werden.

(7) *Für die Flüchtlinge*

Lasset uns beten für die Flüchtlinge in aller Welt, daß sie einen Ort der Heimat und der Geborgenheit finden und Menschen begegnen, die sie annehmen und denen sie vertrauen können.
Beuget die Knie. – Erhebet euch.

Allmächtiger, ewiger Gott. Gib den Heimatlosen Sicherheit, den Obdachlosen ein Heim, höre auf alle, die in ihrer Bedrängnis zu dir rufen und gib jedem Menschen einen Ort, an dem er sich wohl fühlt. Und gib, daß das Flüchtlingselend in der Welt ein Ende findet.

(8) *Für die Hungernden*

Lasset uns beten für die Menschen in der Dritten Welt, die unter Arbeitslosigkeit, unzureichenden sanitären Verhältnissen, Analphabetentum, Raumnot und Hunger zu leiden haben, daß sie erkennen, daß du am Kreuz auch für sie gestorben bist.
Beuget die Knie. – Erhebet euch.

Allmächtiger ewiger Gott. Gib, daß durch die Einsicht der Menschen aller Völker die Hungersnot eingeschränkt werde und durch ein bescheideneres Leben der Wohlhabenden weltweit die Not gelindert werden kann.

(9) *Für die Juden*

Lasset uns auch beten für die Juden, zu denen Gott zuerst gesprochen hat und die mit dem Erlösungswerk aufs engste verbunden sind.
Beuget die Knie. – Erhebet euch.

Allmächtiger, ewiger Gott. Stärke das Volk Israel auf seinem Weg durch die Zeit und führe es zum Ziel, das ihm verheißen ist.

(10) *Für die, welche nicht an Christus glauben*

**Lasset uns auch beten für alle diejenigen, die noch nicht erkannt haben, daß in Christus das Heil der Welt angekommen ist.
Beuget die Knie. – Erhebet euch.**

Allmächtiger, ewiger Gott. Gib, daß alle Menschen deinen Sohn Jesus Christus als den Erlöser erkennen und so durch Christus zu einer Gemeinschaft aller Menschen zusammenfinden.

(11) *Für die, die nicht an Gott glauben*

**Lasset uns beten für die Menschen, die nicht an Gott glauben. Unser Gott und Herr möge sie erleuchten und ihnen den rechten Weg zeigen.
Beuget die Knie. – Erhebet euch.**

Allmächtiger, ewiger Gott. Du bist die Liebe und deshalb willst du, daß alle Menschen die Geborgenheit deiner Nähe erfahren. Erbarme dich der Menschen, die noch nicht erkannt haben, daß du es bist, der dem menschlichen Leben Richtung gibt.

Eine gute Möglichkeit, die Fürbitten der Gemeinde zu unterstreichen, scheint die folgende Anregung zu sein: Zum Aufruf des Priesters „Beuget die Knie" wird eine brennende Kerze zum Altar oder zum verhüllten Kreuz gebracht. Denn durch das Kreuzesopfer ist für alle Menschen Licht in die Welt gekommen.
Auf diese Weise kann mit geringem Aufwand ein tiefer Inhalt durch eine schlichte Geste verdeutlicht werden.

3. *Die Kreuzverehrung*

Nach der Kreuzenthüllung wird folgendes Gebet verrichtet:

Seht, das Holz des Kreuzes, an dem der Herr gehangen. Kommt, laßt uns ihn anbeten. Wahrlich, er hat unsere Krankheiten und unsere Schmerzen auf sich geladen. Er hat auf sich genommen die Last der um ihres Glaubens willen Verfolgten, der Unterdrückten, die Last der Gleichgültigkeit und der Glaubensspaltung, der Bedrängnis, des Flüchtlingselends und der Hungersnot. Er ward durchbohrt um unserer Sünden willen, zerschlagen für unsere

Missetat. Durch seine Striemen ist uns Heil geworden (in Anlehnung an Jes 53,4–6). Seht, das Holz des Kreuzes, an dem Christus, unser Bruder, gehangen. Kommt, lasset uns ihn anbeten.

B: *Anregungen zu weiteren Gemeindezusammenkünften*

1. *Der Kreuzweg*

In vielen Gemeinden wird am Morgen des Karfreitags der Kreuzweg gebetet. Kreuzwegbetrachtungen finden aber während der ganzen Fastenzeit statt. Sie sollen den Gläubigen mit dem Leid und mit der geistigen Auseinandersetzung Jesu vertraut machen. Die Kreuzwegstationen in den Kirchen und am Wegesrand sind eine anschauliche Hilfe für die Betrachtung. Die 14 Stationen sind zwar nicht direkt biblisch, sie haben aber in der Überlieferung der Kirche inzwischen einen festen Platz. Oft werden auch weniger Stationen betrachtet (sieben oder fünf); es werden dann einfach einige übergangen.
Die hier vorgeschlagenen Kreuzwegbetrachtungen beziehen sich auf die einzelnen Stände und zeigen die Vielfalt der Gestaltungsmöglichkeiten. Sie sind auch für andere Tage verwendbar.

Kinderkreuzweg

Wichtig für eine Gemeinde ist es, daß auch die Kinder mit dem Kreuzweg Jesu vertraut gemacht werden. Zu einer lebendig gestalteten Kreuzwegbetrachtung mit Kindern gehört sicherlich auch Bewegung. Den Kreuzweg mit Kindern zu gehen, abzuschreiten, ist sinnvoller, als dies nur im Sitzen oder im Stehen zu tun.
Wenn man Kreuzwegstationen als Figuren oder im Bild besitzt, dann ist es denkbar, diese rund um die Kirche aufzustellen und mit Kindern an ihnen vorbeizugehen. Die Spannung von Station zu Station steigert sich und die Aufmerksamkeit nimmt zu.
Deshalb sollte man mit Kindern auch alle 14 Stationen durchgehen. Die Vielfalt des Leidens Jesu wird dadurch anschaulicher.

Die Aussagen und Betrachtungen an der jeweiligen Station sollen aber unbedingt in freien Worten und in erzählender Form gegeben werden. Vorgelesene Betrachtungen ermüden sehr schnell. Lieder und Gebete bringen hier mehr Abwechslung ins Gehen und Betrachten. Zu beachten ist, daß Kinder noch nicht viele Passionslieder kennen.
Der aktuelle Bezug auf unsere Welt, besonders auf die Welt des Kindes sollte hergestellt werden. Es ist nicht allzu schwer, Vergleiche mit dem Leiden Jesu und der Umwelt der Kinder anzustellen.
Hierfür einige Anregungen zu den Stationen:

1. *Station – Jesus wird verurteilt*
In der Schule:
„Dieser elende Schuft hat mich ... Mit dem rede ich nichts mehr."

2. *Station – Jesus nimmt das Kreuz*
Beim Ausladen des Autos:
„Oh, ist das schwer, ich kann fast nicht mehr! Wann bin ich denn endlich oben in der Wohnung?"

3. *Station – Jesus fällt unter das Kreuz*
Beim Sturz vom Fahrrad:
„Tut das weh! Ich kann fast nicht mehr aufstehen! Und doch muß ich noch weiterfahren."

4. *Station – Jesus begegnet seiner Mutter*
Im Krankenzimmer:
„Kind, es wird wieder gut. Ich bin bei dir. Hab keine Angst!"

5. *Station – Simon hilft Jesus das Kreuz tragen*
Eine alte Frau mit schwerer Tasche:
„Die Frau braucht Hilfe, sie kann ihre Tasche kaum tragen."

6. *Station – Veronika reicht Jesus das Schweißtuch*
Im Krankenzimmer:
„Komm, laß dir den Schweiß abtrocknen, du hast hohes Fieber."

7. *Station – Jesus fällt zum zweitenmal*
Nach einer schlechten Klassenarbeit:
„Wieder war alles umsonst, ich habe gelernt und doch nichts erreicht. Aber ich muß durchkommen und das Klassenziel erreichen."

8. *Station – Jesus begegnet den Frauen*
Am Schulhof:
„Der arme Kerl ist gefallen, aber was steht ihr alle herum und schaut. Ihr seid doch schuld, daß er gefallen ist."

9. *Station – Jesus fällt zum drittenmal*
In der Schule durchgefallen:
„Ich habe genug, ich will nicht mehr weitermachen. Aber es muß doch weitergehen."

10. *Station – Jesus wird seiner Kleider beraubt*
Der Anorak ist verschwunden:
„Mich friert, alle anderen sind warm angezogen. Warum hat man mir den Anorak weggenommen?"

11. *Station – Jesus wird ans Kreuz geschlagen*
Ein Kind wird verprügelt:
„Wie brutal schlagen die zu, sogar mit Füßen wird er getreten. Er hat ihnen ja nichts getan, und sie haben ihn blutig geschlagen!"

12. *Station – Jesus stirbt am Kreuz*
Im Krankenhaus beim Opa:
„Ich kann das Leid fast nicht mit ansehen. Der Schmerz quält meinen guten Opa."

13. *Station – Jesus im Schoß seiner Mutter*
Meine enttäuschte Mutter:
„Was muß an Schmerz und Leid eine Mutter alles hinnehmen. Sie wird manchmal einfach mit ihrem Schicksal nicht mehr fertig."

14. *Station – Jesus wird ins Grab gelegt*
Am Friedhof:
„Von einem Menschen für immer Abschied zu nehmen – ich kann das einfach nicht verstehen."

Jugendkreuzweg

Der Kreuzweg für die Jugend sieht meistens nur sieben Stationen vor. Die Stationen beziehen sich nicht auf den chronologischen Ablauf des Leidens Jesu, sondern sind thematisch geordnet. Hierfür folgende Vorschläge für die Gestaltung:

(1) *Kreuzweg auf das Leiden Jesu bezogen*
– Angst haben
– Gefangen werden
– Schweigen können
– Last tragen
– Folter erleiden
– Verlassen sein
– Sterben

(2) *Kreuzweg auf die Randgruppen unserer Gesellschaft bezogen*
– Behinderte
– Arbeitslose
– Gastarbeiter
– Gefangene
– Wohnungssuchende
– Geschiedene
– Sterbende

(3) *Kreuzweg auf die geistigen Belange bezogen*
– Ausweglosigkeit
– Sinnlosigkeit

- Verlassenheit
- Unentschlossenheit
- Gleichgültigkeit
- Friedlosigkeit
- Gottverlassenheit

Männerkreuzweg

Ein Kreuzweg für die Männer empfiehlt sich durch verschiedene Stationen im Freien. Der Beginn dieses Kreuzweges sollte in einer Kirche erfolgen. Von hier aus geht der Weg zu einem Kreuz im Gelände oder zur Kirche der Nachbargemeinde. An geeigneten Stellen wird zur Meditation angehalten. Den schmerzhaften Rosenkranz für ein bestimmtes Anliegen betend, wird der Weg möglichst in der Nacht zurückgelegt. Dabei kommt es gar nicht so sehr darauf an, ob man Teile des klassischen Kreuzwegs betet oder einen aktuellen Bezug aufgreift. Das miteinander Gehen und Beten ist Abwechslung genug. Vielleicht ist es möglich, ein großes Kreuz mitzutragen.

Familienkreuzweg

Der Familienkreuzweg sieht vor, daß Männer, Frauen, Jugendliche, Kinder und Senioren je einen Teil der Gestaltung der Kreuzwegbetrachtung übernehmen. An Vorschlägen dafür mangelt es nicht. Die Unterteilung des Kreuzwegs in fünf charakteristische Züge aus dem Leiden Jesu wird häufig verwendet. Ein Vorschlag dafür wäre:

– Verurteilung	– Jugend
– Schmerz	– Männer
– Tragen	– Frauen
– Alleinsein	– Senioren
– Verzeihen	– Kinder

Autokreuzweg

Mit dem Auto verschiedene Stationen anzufahren, gibt neue Möglichkeiten zu einem aktuellen Bezug auf das Leiden Jesu.
An folgenden Orten ermöglichen sich die Bezüge:

- eine naheliegende Kirche → Glauben
- ein Parkplatz an der Autobahn → Unterwegs sein
- eine Waldlichtung → Umwelt
- ein Fabriktor → Arbeit
- ein Schulhof → Kinder
- eine Kapelle im Krankenhaus → Krankheit
- ein Feldkreuz → Leid

Bevor man zur nächsten Station fährt, können Gesprächsimpulse angegeben werden, über die man sich im fahrenden Auto unterhält. An der Station angekommen, sollten die Gespräche zusammengefaßt und darüber meditiert werden.
Der jeweilige Ort gibt den aktuellen Bezug an. Wenn möglich, werden zu der betreffenden Station noch andere Personen dazu eingeladen, zum Beispiel die Kranken im Krankenhaus, Fabrikarbeiter, Lehrer der Schulen.

2. *Die Kreuzprozession*

Ausgangspunkt für diese Gestaltung der Feier ist die römische Stationskirchenliturgie des Karfreitags im frühen Mittelalter: Der Papst zog barfuß mit der Kreuzreliquie in Prozession von der Basilika San Giovanni in Laterano zur Kirche Santa Croce in Gerusaleme. Dort fanden der Wortgottesdienst und die Verehrung der Kreuzreliquie statt. Eine Kommunionfeier gab es am Karfreitag ursprünglich nicht.
Für eine entsprechende Gestaltung in der Gemeinde ist zu überlegen, an welchem Ort eine Statio gehalten werden könnte. In Frage kämen ein Feldkreuz in der Nähe der Kirche, eine Kapelle, Friedhof, Einkaufspassage, Schulhof.
Das Kreuz wird von dem Ort der Statio durch die Gemeinde getragen. Allein das Gehen mit diesem Kreuz ist Bekenntnis und Meditation

zugleich. Das Balkenkreuz könnte über die Kartage oder gar für längere Zeit in der Kirche oder an einem passenden Ort aufbewahrt werden.

3. *Meditation zu den Personen des Tages*

Eine interessante Betrachtung am Karfreitagabend wäre die zu den Personen des Tages. Unter ihnen gibt es Feinde und Freunde, Unentschlossene und Zögernde. Solche, die durch die Passion Jesu zum Glauben kommen und solche, die ablehnend sind und mit dem Leidenden noch Spott treiben.
Zur Gestaltung dieser Passionsbetrachtung bietet es sich an, die einzelnen Namen aufzuschreiben und im Altarraum aufzustellen. Denkbar wäre es auch, die Personen silhouettenhaft auszuschneiden und um ein Kreuz zu stellen. Diejenigen, die sich zu Jesus bekennen und ihm die Treue halten, sollten in weißer Farbe dargestellt werden. Die Schwankenden und Zögernden in violett und seine Gegner in schwarz.
Nach dem biblischen Bericht über die jeweilige Person sollte eine kleine Meditation folgen, die mit Fürbitten abgeschlossen wird.
Für die drei erwähnten Gruppen wurden jeweils sechs Personen ausgesucht.
Aus Gründen der akustischen Abwechslung erscheint es ratsam, beispielsweise den Textbeleg von einem Lektor oder zweiten Sprecher vortragen zu lassen.
Die Gläubigen antworten auf die Fürbitten jeweils mit „Herr, erhöre unsere Bitten!"

(1) Die Treuen

Maria

Die Mutter Jesu begleitet ihren Sohn am Kreuzweg. Sie hält unter dem Kreuz trotz der Leiden durch und nimmt nach der Kreuzabnahme Jesus auf ihren Schoß.

Textstelle: Joh 19,25
Bei dem Kreuz Jesu standen seine Mutter und die Schwester seiner Mutter, Maria, die Frau des Klopas, und Maria von Magdala.

Fürbitten:
Für die Mütter dieser Welt, die Leid, Kummer und Sorgen mit ihren Kindern durchzustehen haben; der Blick auf das Kreuz gebe ihnen die Kraft, wie Maria durchzustehen.

Herr, erhöre unsere Bitten!

Für unsere eigene Mutter; sie möge den Dank ihrer Kinder in ihrem Leben verspüren.

Herr, erhöre unsere Bitten!

Johannes

Der Lieblingsjünger ist der, auf den sich Jesus am meisten verlassen kann. Beim Abendmahl sitzt er deshalb an seiner Seite. Er war mit dabei am Ölberg und bei der Gefangennahme, und er ist der einzige von allen, der unter dem Kreuz steht. Ihm vertraut Jesus vom Kreuz herab seine Mutter an.

Textstelle: Joh 19,26
Als Jesus seine Mutter sah und bei ihr den Jünger, den er liebte, sagte er zu seiner Mutter: Frau, siehe, dein Sohn!

Fürbitten:
Für unsere treuen Freunde, auf die wir uns im Leben verlassen können.

Herr, ...

Für die junge Generation laßt uns beten.

Herr, ...

Jakobus

Neben den beiden anderen Jüngern, Petrus und Johannes, nimmt Jesus in entscheidenden Stunden immer den Jakobus mit. Auf den Sohn des Zebedäus ist Verlaß. Seine Mutter nimmt sich ihrer beiden Söhne in besonderer Weise an.

Textstelle: Mt 20,17–23

Als Jesus nach Jerusalem hinaufzog, nahm er unterwegs die zwölf Jünger beiseite und sagte zu ihnen: Wir gehen jetzt nach Jerusalem hinauf; dort wird der Menschensohn den Hohenpriestern und Schriftgelehrten ausgeliefert; sie werden ihn zum Tod verurteilen und den Heiden übergeben, damit er verspottet, gegeißelt und gekreuzigt wird; aber am dritten Tag wird er auferstehen. Damals kam die Frau des Zebedäus mit ihren Söhnen zu Jesus und fiel vor ihm nieder, weil sie ihn um etwas bitten wollte. Er fragte sie: Was willst du? Sie antwortete: Versprich, daß meine beiden Söhne in deinem Reich rechts und links neben dir sitzen dürfen. Jesus erwiderte: Ihr wißt nicht, um was ihr bittet. Könnt ihr den Kelch trinken, den ich trinken werde? Sie sagten zu ihm: Wir können es. Da antwortete er ihnen: Ihr werdet meinen Kelch trinken; doch den Platz zu meiner Rechten und zu meiner Linken habe nicht ich zu vergeben; dort werden die sitzen, für die mein Vater diese Plätze bestimmt hat.

Fürbitten:

Für alle Menschen, die durchhalten, obwohl sie nichts dafür bekommen.

Herr, ...

Für die echten Freunde im Kreis unserer Bekannten; Gott möge ihre Treue belohnen.

Herr, ...

Magdalena

Von Magdalena ist uns bekannt, daß sie eine öffentliche Sünderin war. Die Begegnung mit dem Herrn hat sie umgewandelt. Sie folgt ihm bis unter das Kreuz, und der Überlieferung entsprechend kniet sie unter dem Kreuz.

Textstelle: Lk 7,36–38

Jesus ging in das Haus eines Pharisäers, der ihn zum Essen eingeladen hatte, und legte sich zu Tisch. Als nun eine Sünderin, die in der Stadt lebte, erfuhr, daß er im Haus des Pharisäers bei Tisch war, kam sie mit einem Alabastergefäß voll wohlriechendem Öl und trat von hinten an ihn heran. Dabei weinte sie, und ihre Tränen fielen auf seine Füße. Sie trocknete seine Füße mit ihrem Haar, küßte sie und salbte sie mit dem Öl.

Fürbitten:
Für alle, die die Kraft bekommen haben, ihr Leben zu ändern; der Herr stärke sie auf ihrem Weg.

Herr, ...

Für diejenigen, die gestrandet sind und anders wurden; zeige ihnen Auswege.

Herr, ...

Veronika

Von ihr ist uns in den Schriften selbst nichts berichtet. In ungezählten Kreuzwegdarstellungen wird sie aber bei der sechsten Station gezeigt, wie sie dem Herrn das Schweißtuch reicht.

Fürbitten:
Für alle, die wie Veronika helfend einspringen.

Herr, ...

Für all die Vielen, die in Krankenhäusern, Missionsstationen oder an irgendeiner anderen Stelle Notleidenden helfen.

Herr, ...

Josef von Arimathäa

Er war einer aus dem Bekanntenkreis Jesu, hielt sich aber anfangs aus Furcht vor den Juden etwas zurück. Er war ein reicher Mann und scheute sich nicht, nach der Hinrichtung des Herrn sein Grab für ihn öffentlich zur Verfügung zu stellen.

Textstelle: Joh 19,38–40
Josef aus Arimathäa war ein Jünger Jesu, aber aus Furcht vor den Juden nur heimlich. Er bat Pilatus, den Leichnam Jesu abnehmen

zu dürfen, und Pilatus erlaubte es. Also kam er und nahm den Leichnam ab. Es kam auch Nikodemus, der früher einmal Jesus bei Nacht aufgesucht hatte. ... Sie nahmen den Leichnam Jesu und umwickelten ihn mit Leinenbinden, zusammen mit den wohlriechenden Salben, wie es beim jüdischen Begräbnis Sitte ist.

Fürbitten:
Für alle, die zurückhaltend sind, aber sich doch offen und frei zu ihrem Glauben bekennen; sei du ihnen Halt.

Herr, ...

Für die Reichen dieser Welt; bestärke sie in ihrer Verpflichtung für die notleidenden Menschen in dieser Welt.

Herr, ...

(2) Die Schwankenden

Petrus

Petrus war nicht immer standhaft. Obwohl er ein treuer Gefolgsmann Jesu sein wollte, erwies er sich im Hof des Hohenpriesters als feige und leugnete seine Zugehörigkeit. Doch bald darauf bereute er das, weinte bitterlich und änderte sich.

Textstelle: Joh 18,25–27
Simon Petrus aber stand (am Feuer) und wärmte sich. Sie sagten zu ihm: Bist nicht auch du einer von seinen Jüngern? Er leugnete und sagte: Nein. Einer von den Dienern des Hohenpriesters, ein Verwandter dessen, dem Petrus das Ohr abgehauen hatte, sagte: Habe ich dich nicht im Garten bei ihm gesehen? Wieder leugnete Petrus, und gleich darauf krähte ein Hahn.

Fürbitten:
Für alle, die einmal einen schweren Fehler begangen haben; hilf ihnen umzukehren und ihr Leben auf Jesus auszurichten.

Herr, ...

Für alle, die der Versuchung, große Worte zu machen, unterliegen.

Herr, ...

Frau des Pilatus

Die Frau des Pilatus versucht, in die Gerichtsverhandlung einzugreifen und warnt den Statthalter vor der Verurteilung. Sie ist überzeugt, daß Jesus unschuldig ist.

Textstelle: Mt 27,19
Während Pilatus auf dem Richterstuhl saß, ließ ihm seine Frau sagen: Laß die Hände von diesem Mann, er ist unschuldig. Ich hatte seinetwegen heute nacht einen schrecklichen Traum.

Fürbitten:
Für die Menschen, die von der Richtigkeit ihrer Meinung überzeugt sind, sich aber nicht durchsetzen können.

Herr, ...

Für die vielen, die andere beeinflussen können; laß sie das Wohl der Menschen vor Augen haben.

Herr, ...

Simon von Zyrene

Der Bauer, der vom Feld kam, wurde von den Soldaten aufgefordert, Jesus das Kreuz zu tragen. Er tat es nicht gerne, aber er nahm das Kreuz und hilft somit dem Leidenden.

Textstelle: Mk 15,21
Einen Mann, der gerade vom Feld kam, Simon von Zyrene, den Vater des Alexander und des Rufus, zwangen sie, sein Kreuz zu tragen.

Fürbitten:
Für alle, die Angst haben, zu helfen.

Herr, ...

Für diejenigen, die zögern; laß sie erkennen, wie wertvoll auch ihr Dienst ist.

Herr, ...

Die Frauen

Frauen stehen am Wegesrand, die voll Mitleid auf Jesus schauen. Sie klagen und weinen und wissen trotzdem nicht so recht, wie sie sich verhalten sollen.

Textstelle: Lk 23,27–28
Es folgte eine große Menschenmenge, darunter auch Frauen, die um ihn klagten und weinten. Jesus wandte sich zu ihnen und sagte: Ihr Frauen von Jerusalem, weint nicht über mich; weint über euch und eure Kinder!

Fürbitten:
Für alle Unentschlossenen, die zwischen Positivem und Negativem schwanken; laß sie den Mut zum Guten und zur Ablehnung des Bösen aufbringen.

Herr, ...

Für die Frauen, die auch in unserer Zeit ihre Meinung nicht klar äußern können und dürfen.

Herr, ...

Der Schächer

Jesus wird mit zwei anderen am Golgotahügel gekreuzigt. Der zu seiner Rechten erkennt in Jesus den Messias. Sein anfängliches Zögern wandelt sich um in ein klares Bekenntnis.

Textstelle: Lk 23,39–42
Einer der Verbrecher, die neben ihm hingen, verhöhnte ihn: Bist du denn nicht der Messias? Dann hilf dir selbst und auch uns! Der andere aber wies ihn zurecht und sagte: Nicht einmal du fürchtest Gott? Dich hat doch das gleiche Urteil getroffen. Uns geschieht recht, wir erhalten den Lohn für unsere Taten; dieser aber hat

nichts Unrechtes getan. Dann sagte er: Jesus, denk an mich, wenn du in dein Reich kommst.

Fürbitten:
Für all diejenigen, die ihre Schuld bekennen und wieder den Weg zum Heil finden; laß sie Vergebung erhalten und zum Heil gelangen.

Herr, ...

Für alle, die an anderen Menschen schuldig geworden sind; laß sie zur Versöhnung bereit sein und sich wieder zur Veränderung aufraffen.

Herr, ...

Hauptmann

Der römische Hauptmann unter dem Kreuz bekennt nach dem Tod Jesu seine Gottessohnschaft. Aus einem, der das Todesurteil vollstreckt, wird ein anderer, der glaubt.

Textstelle: Mk 15,39
Als der Hauptmann, der Jesus gegenüberstand, ihn auf diese Weise sterben sah, sagte er: Wahrhaftig, dieser Mensch war Gottes Sohn.

Fürbitten:
Für alle, die angesichts des Todes zum Glauben gelangen.

Herr, ...

Für diejenigen, die wie der Hauptmann Verantwortung tragen und sich durch äußere Einflüsse blenden lassen; laß sie zum Glauben kommen.

Herr, ...

(3) Die Gegner

Die Hohenpriester

Die entschiedensten Gegner Jesu waren die Hohenpriester. Für sie war klar, Jesus muß beseitigt werden. Alle Mittel waren ihnen dafür recht.

Textstelle: Joh 18,19–21
Der Hohepriester befragte Jesus über seine Jünger und über seine Lehre. Jesus antwortete ihm: Ich habe offen vor aller Welt gesprochen. Ich habe immer in der Synagoge und im Tempel gelehrt, wo alle Juden zusammenkommen. Nichts habe ich im geheimen gesprochen. Warum fragst du mich? Frag doch die, die mich gehört haben, was ich zu ihnen gesagt habe; sie wissen, was ich geredet habe.

Fürbitten:
Für alle, die in einen blinden Haß gegen andere geraten sind; laß sie zur Besinnung kommen.

Herr, ...

Für alle Menschen, die andere ungerecht verurteilt haben.

Herr, ...

Judas

Judas, einer aus dem Kreis der Jünger, verrät Jesus und liefert ihn damit an seine Feinde aus. Er bereut dies und wir wissen nicht, wie Gott über ihn gerichtet hat.

Textstelle: Mt 26,47–49
Während er noch redete, kam Judas, einer der Zwölf, mit einer großen Schar von Männern, die mit Schwertern und Knüppeln bewaffnet waren; sie waren von den Hohenpriestern und den Ältesten des Volkes geschickt worden. Der Verräter hatte mit ihnen ein Zeichen verabredet und gesagt: Der, den ich küssen werde, der ist es; nehmt ihn fest. Sogleich ging er auf Jesus zu und sagte: Sei gegrüßt, Rabbi! Und er küßte ihn.

Fürbitten:
Für alle, die durch Verrat und ungerechtfertigte Anzeige andere ins Elend stürzen; weise ihnen Wege der Umkehr.

Herr, ...

Für uns selbst; laß uns nicht zum Judas werden.

Herr, ...

Die Magd

Im Hof des Hohenpriesters, am Lagerfeuer, klagt die Magd Petrus dreimal an. Sie will ihn einfach bloßstellen. Ihn sollte das gleiche Schicksal treffen wie Jesus.

Textstelle: Lk 22,54–56
Darauf nahmen sie ihn fest, führten ihn ab und brachten ihn in das Haus des Hohenpriesters. Petrus folgte von weitem. Mitten im Hof hatte man ein Feuer angezündet, und Petrus setzte sich zu den Leuten, die dort beieinandersaßen. Eine Magd sah ihn am Feuer sitzen, schaute ihn genau an und sagte: Der war auch mit ihm zusammen.

Fürbitten:
Für alle, die andere bloßstellen, laßt uns beten.

Herr, ...

Für diejenigen, die durch ihr übles Gerede Menschen in ein schlechtes Licht rücken; laß sie Klarheit über ihr Tun erlangen.

Herr, ...

Die Soldaten

Die Soldaten schlugen mit brutaler Gewalt auf Jesus ein. Sie trieben Spott mit ihm und ergötzten sich an seinen Leiden.

Textstelle: Mk 15,16–19
Die Soldaten führten ihn in den Palast hinein, das heißt in das Prätorium, und riefen die ganze Kohorte zusammen. Dann legten sie ihm einen Purpurmantel um und flochten einen Dornenkranz; den setzten sie ihm auf und grüßten ihn: Heil dir, König der Juden! Sie schlugen ihm mit einem Stock auf den Kopf und spuckten ihn an, knieten vor ihm nieder und huldigten ihm.

Fürbitten:
Für die vielen, die andere foltern und quälen; gib du ihnen Einhalt.

Herr, ...

Für die Menschen, die in ihrem Spott keine Grenzen kennen; zeige ihnen deine Menschenliebe.

Herr, ...

Herodes

König Herodes ließ sich Jesus vorführen. Er hoffte, von ihm ein Wunder sehen zu können. Und da dies nicht geschah, verachtete und verspottete er ihn.

Textstelle: Lk 23,7–9
Und als er erfuhr, daß Jesus aus dem Gebiet des Herodes komme, ließ er ihn zu Herodes bringen ... Herodes freute sich sehr, als er Jesus sah; schon lange hatte er sich gewünscht, mit ihm zusammenzutreffen, denn er hatte von ihm gehört. Nun hoffte er, ein Wunder von ihm zu sehen. Er stellte ihm viele Fragen, doch Jesus gab ihm keine Antwort.

Fürbitten:
Für die Mächtigen dieser Welt.

Herr, ...

Für die Herrscher dieser Welt, die andere demütigen; Gott öffne ihnen die Augen über ihr Tun.

Herr, ...

Pilatus

Die allerletzte Entscheidung gegen Jesus hatte Pilatus zu fällen. Eine Weile schwankte er, gab aber letztlich dem Druck nach.

Textstelle: Joh 19,6–8.16 a
Als die Hohenpriester und ihre Diener ihn sahen, schrien sie: Ans Kreuz mit ihm, ans Kreuz mit ihm! Pilatus sagte zu ihnen: Nehmt

ihr ihn und kreuzigt ihn! Denn ich finde keinen Grund, ihn zu verurteilen. Die Juden entgegneten ihm: Wir haben ein Gesetz und nach diesem Gesetz muß er sterben, weil er sich als Sohn Gottes ausgegeben hat. Als Pilatus das hörte, wurde er noch ängstlicher. Da lieferte er ihnen Jesus aus, damit er gekreuzigt würde.

Fürbitten:
Für die Richter unserer Zeit und unseres Lebens; laß sie ihre Urteile nach Recht und Gerechtigkeit fällen.

Herr, ...

Für jeden, der Recht zu sprechen hat; laß das Gottesgesetz die bestimmende Norm für ihn sein.

Herr, ...

4. *Betrachtung zu den sieben letzten Worten Jesu*

Die sieben Worte Jesu am Kreuz finden sich bei der Zusammenschau der vier Evangelien. In ihrer Zusammenstellung ergeben sie eine lebendige Wiedergabe des dreistündigen Leidens und Sterbens Jesu am Kreuz. Die Andacht im GL Nr. 776 veranschaulicht dieses Geschehen sehr eindrucksvoll.
Die Worte sind folgende:

- „Vater, vergib ihnen, denn sie wissen nicht, was sie tun." (Lk 23,34)
  Hier erhalten das Gebot der Liebe, des Verzeihens und der Versöhnung ihre höchste Aussage.
- „Heute noch wirst du mit mir im Paradies sein." (Lk 23,43)
  Wer glaubt, wird von Gott belohnt, so wie der Schächer am Kreuz. Durch Einsicht und Reue kann selbst ein Verbrecher Vergebung erhalten.
- „Frau, siehe, dein Sohn! – Siehe, deine Mutter!" (Joh 19,26f.)
  Noch vom Kreuz herab sorgt Jesus für seine eigene Mutter.
- „Mein Gott, mein Gott, warum hast du mich verlassen?" (Mt 27,46)
  Auch Jesus wird in die Not der Gottverlassenheit gedrängt.
- „Mich dürstet." (Joh 19,28)
  Das Menschliche erfaßt Jesus bis in die letzten Minuten seines Lebens.

– „Es ist vollbracht!“ (Joh 19,30)
Das Werk ist vollendet, die Menschheit erlöst.
– „Vater, in deine Hände lege ich meinen Geist.“ (Lk 23,46)

Das letzte Wort, das Jesus spricht, richtet sich an den Vater.

Die abendliche Betrachtung kann mit einem Lied abschließen. Wird das Allerheiligste eingeholt, dann müßte der Segen in der Stille gegeben werden.

5. *Die Mette am Karfreitag*

Der Ausklang des Karfreitags läßt sich sehr besinnlich gestalten. In vielen Gemeinden ist beim Heiligen Grab die verhüllte Monstranz ausgesetzt. Das Einholen der Monstranz oder einfach die Abenddämmerung des Karfreitags geben die Möglichkeit zu einer Rückbesinnung auf den Tag.

Sehr beliebt in vielen Gemeinden ist die Mette am Karfreitag. Sie findet meist in der Abenddämmerung statt und ist ein stimmungsvoller Ausklang des Karfreitagsgeschehens. Im Mittelpunkt steht dabei das Klagelied des Jeremias. Die einzelnen Verse sind durch die Buchstaben des hebräischen Alphabets gekennzeichnet. Die Texte werden gesungen. Durch ihre einprägsame Melodie rütteln sie auf und stimmen nachdenklich. Dabei brennen auf einem Ständer 13 Kerzen. Es gibt Gemeinden, die dafür einen eigenen Kerzenständer in der Form eines Dreiecks haben. Nach jeder Strophe des Klageliedes wird eine Kerze gelöscht. Die letzte und mittlere Kerze weist auf Jesus hin. Sie bleibt brennen und kann im Anschluß an die Mette zum Heiligen Grab gebracht werden. Das Löschen der zwölf Kerzen soll die Flucht der Apostel andeuten.

6. *Die Verehrung des Heiligen Grabes*

In vielen Gemeinden gibt es ein Heiliges Grab. Der Leichnam Jesu, dargestellt im Bild oder figürlich, wird mit vielen Lichtern, Kerzen und Blumen umgeben. Die stille Anbetung, aber auch das Betrachten des Grabes zieht die Gläubigen an.

Wenn kein Heiliges Grab errichtet werden kann, so ist das zur Verehrung aufgerichtete oder auf den Stufen des Altares liegende Kreuz ein Ersatz dafür.

7. *Anregung zur Ausgestaltung des Kirchenraumes:*

Ein verdorrter Baum wird zum Kreuz
Ein blätterloser, verdorrter Baum ziert die Kirche. Im Frühjahr ist ein solcher nicht schwer zu finden. Dieses Symbol soll andeuten, daß ein Baum einmal das Holz für das Kreuz abgegeben hat. Am Holz des Kreuzes hing das Heil der Welt. Dieser verdorrte Baum sollte aber deutlich ein Kreuz zu erkennen geben, an dem Zettel, die sich auf die Not und das Elend der Welt beziehen, oder auf persönliche Schicksalsschläge eingehen, befestigt werden können.

KARSAMSTAG

Der Karsamstag ist seit alters ein Buß- und Fasttag, an dem untertags keine Eucharistie gefeiert wird. Allein das Stundengebet oder die Andacht der 40 Stunden prägen diesen Tag. In diesem a-liturgischen Tag drückt sich auch die Grabesruhe Jesu aus. Die ostkirchliche Theologie und Frömmigkeit hat diese Grabesruhe als Hinabstieg Jesu zu den Toten (Höllenfahrt) ausgestaltet und gedenkt der Erlösung der Toten. Auferstehung wird auf ostkirchlichen Ikonen häufig als Hindurchgang Jesu durch das „Reich der Toten" dargestellt; dabei werden Adam und Eva an der Hand ans Licht, zum neuen Leben geführt.
In diesem Hindurchgang steht der Karsamstag – als Ruhe zwischen Tod und Auferstehung des Herrn.

OSTERN

I. Allgemeine Erläuterungen

1. *Zur Liturgie des Tages*

Die Feiern des Leidens, Sterbens und der Auferstehung am Osterfest bilden als Triduum Sacrum eine Einheit. In diesen drei österlichen Tagen wird das gesamte Heilsgeschehen Jesu Christi gefeiert. Hauptbestandteil des Osterfestes ist die Nachtfeier; die Feiern am Ostertag bezeugen die Auferstehung des Herrn auf immer wieder neue Weise. Deswegen sollten sich die Eucharistiefeiern an Ostern deutlich von denen an anderen Festen unterscheiden. Ostern als das Ur-Fest und Grund-Fest der Christenheit muß auch in der Gestaltung und allen anderen Rahmenbedingungen erfahrbar werden.

2. *Zur Feier der Osternacht*

Gemäß den Berichten der Evangelien (und der kirchlichen Überlieferung) hat die Feier der Auferstehung Jesu in der Morgenfrühe des dritten Tages ihren ureigenen Ort. Die Osternacht als die „Königin aller Vigilien" hat ihren Höhepunkt im feierlichen Exultet, das beim beginnenden Aufgang der Sonne angestimmt wird, und der darauffolgenden Eucharistiefeier. Christus als das neue Licht und die neue Sonne wird symbolisch mit dem beginnenden Tag feierlich gepriesen. Die Tradition der Kirche macht deutlich (insbesondere in den zugrundeliegenden Gebetstexten), daß nach durchwachter Nacht die Auferstehung des Herrn gefeiert wird. Auch wenn es über vier Jahrhunderte angeordnet war, am Karsamstagmorgen die Auferstehung zu feiern, so muß an der Nachtfeier festgehalten werden und die Entwicklung nach dem Konzil von Trient als sinnwidrig bezeichnet werden.

Dies bedeutet aber auch eine kritische Reflexion heutiger Praxis. Aus angeblich pastoralen Gründen findet die Auferstehungsfeier mittler-

weile weitgehend am Abend statt. Das Licht wird entzündet, während es noch hell ist, ja sogar die Sonne scheint (Sommerzeit!). Dies ist jedoch wenig sinnvoll. Es hat sich in den Gemeinden, die eine Nacht- bzw. Morgenfeier eingeführt haben, gezeigt, daß von weither großer Zulauf herrscht. Das Besondere dieser Nacht wird symbolisch erfahrbar: Aufstehen zu ungewohnter Stunde (3 Uhr), Wortliturgie und Gesang in dunkler Nacht, langsame Dämmerung mit entzündeter Osterkerze, feierliches Exultet als Begrüßung des Auferstandenen und Eucharistiefeier in den Morgen hinein. Das Besondere der Auferstehung wird derart (gerade auch für Kinder) erfahrbar und zu einem großen Erlebnis. Die Feier in den Tag hinein ist liturgietheologisch der legitime Ort der Osterfeier und derart der symbolträchtigste Gottesdienst im ganzen Kirchenjahr.
Durch die meist zu Ostern schon umgestellte Zeit (Sommerzeit) ist ein zeitlicher Ansatz um 4.30–5.00 Uhr in der Regel ausreichend. Die Feier geht dann zu Ende, wenn es bereits Tag geworden ist. Ein anschließendes Zusammensein bei einem Frühstückstreff ist sinnvoll und führt die Feier des Osterfestes fort.

3. *Ostersymbole*

Hase

Der Hase ist heute das volkstümlichste Ostersymbol. Er ist im Bewußtsein der Menschen für das Osterfest bekannter als das Osterlamm. Warum wird gerade dieses Tier zum Symbol des Osterfestes?
Wie das Ei, ist der Hase Sinnbild für die Fruchtbarkeit. Hasen vermehren sich sehr schnell. Wahrscheinlich führte dieser Vergleich zur Vorstellung des Eier legenden Osterhasen. Hase und Ei, als Symbole für das Leben, sollen daher hinweisen auf den Auferstandenen, der den Menschen die Fülle des Lebens gibt.
Der Hase ist aber auch ein Beispiel für Wachsamkeit. Lange Zeit meinte man, der Hase schlafe überhaupt nicht. Inzwischen weiß man, daß auch der Hase schläft. Allerdings hat er keine Augenlider wie andere Tiere. Deswegen kann er die Augen nicht schließen und man hatte in früheren Jahrhunderten den Eindruck, er würde nie schlafen.
Bei all dem, was der Hase uns zeichenhaft für Ostern zu sagen hat,

sollte seine heutige Bedeutung nicht zu sehr hochgespielt werden. Der Rummel um ihn ist eher zu groß. Zucker- und Schokoladenhasen in allen Variationen schmücken die Geschäfte. Trotzdem ist der „eierlegende Hase“ nicht nur ein Scherz oder eine Täuschung, sondern durch seine Wachsamkeit ein Versuch, Ostern und damit das Leben des Christen zeichenhaft zu deuten.

Lamm

Das Lamm ist wohl das bekannteste biblische Ostersymbol. Seine Eigenschaften wie Sanftmut, Unschuld, geduldiges Schweigen beim Scheren und Schlachten werden mit dem Lebenswerk Jesu in Verbindung gebracht. Jesus, so heißt es immer wieder, ist das Lamm Gottes. Johannes weist auf ihn hin: „Seht, das Lamm Gottes, das die Sünde der Welt hinwegnimmt“ (Joh 1,29). Jesus selbst aber sagt nie von sich: Ich bin das wahre Lamm. Wohl nennt er sich „Guter Hirte“, „Wahrer Weinstock“, „Licht und Weg“, aber nie Lamm.
Im Altertum ist das Lamm das allgemeine Opfertier. Seine besondere Bedeutung für das Volk Israel bekommt es als Paschalamm. Mit seinem Blut sollten die Türpfosten bestrichen werden, damit der Würgengel das Haus verschone.
Bei der Feier des Abendmahles am Paschafest setzt Jesus die Eucharistie ein. Während im Tempel die Lämmer für das Paschamahl geschlachtet wurden, stirbt Jesus draußen vor den Toren der Stadt. „Wie ein Lamm wird er zur Schlachtbank geführt“, zitiert man aus dem Buch des Propheten Jesaja. So erhält in Jesus das Lamm eine neue Bedeutung. „... als unser Paschalamm ist Christus geopfert worden“, schreibt Paulus (1 Kor 5,7). In der geheimen Offenbarung des Johannes wird zum Hochzeitsmahl des Lammes aufgerufen. Die künftigen Weltereignisse und die jenseitige Herrlichkeit werden durch das Lamm, das die Siegel der Buchrolle löst, den Menschen erschlossen. Jesus selbst schickt seine Jünger in die Gefahren dieser Welt wie Schafe mitten unter die Wölfe (Lk 10,3).
So hat das Lamm als Symbol vielseitige Bedeutung. Mit diesen seinen Eigenschaften und seiner Verwendung ist es zum Symbol für Christus selbst geworden. An Ostern erinnert man sich an all das in besonderer Weise. Deshalb die vielen Lämmer mit ihren verschiedensten Varian-

ten, wie sie vom Osterfest nicht mehr wegzudenken sind. Selbst das „Osterlammessen“ wird immer mehr zur Tradition.

Ei

Ostern ohne Ostereier ist in unserer Welt nicht mehr denkbar. Warum gibt es aber gerade an Ostern Eier? Diese Frage stellen sich viele. Was hat das Ei mit dem größten Fest der Christenheit zu tun? Eine Beziehung zwischen Ei und Ostern ist zunächst gar nicht festzustellen. Zu sehr hat man sich schon mit Ostereiern aus Schokolade, Marzipan, Krokant oder Zucker abgefunden. Der Osterstrauß mit kunstvoll bemalten Eiern ist zur Selbstverständlichkeit geworden. Warum aber gerade das Ei?

Für uns Deutsche gibt es einen rein optischen Vergleich. Die Form eines Eies entspricht genau dem O, mit dem das deutsche Wort Ostern beginnt. Dies ist aber sicherlich nicht der Grund, warum das Ei zum Ostersymbol wurde.

Beim genaueren Nachsehen stellt man fest, daß es sogar mehrere Beziehungen zwischen Ostern und dem Ei gibt. Im Ei liegt der Beginn des Werdens. Das Leben ist in ihm geheimnisvoll verborgen. Wie das Küken aus dem Dunkel der Eischale entschlüpft und sich im Licht des Tages seines Daseins erfreut, so darf man sich die Existenz eines neuen Lebens vorstellen. Das neue Leben in einer anderen Welt wird uns durch die Auferstehung zuteil.

Viele Völker stellten sich in der Antike das Weltall in seinem Urumfang als ein riesiges Ei vor. Deshalb wurden in ägyptischen Tempeln Eier an der Decke aufgehängt, um dies in Erinnerung zu bringen. Die Welt nimmt mit Ostern einen neuen Anfang und dafür ist auch das Ei zeichenhaft.

Vor allem wird aber im Ei die Auferstehung des Fleisches gesehen. Dem Ei gleich, werden die Gräber einmal aufspringen und die Körper auferstehen. So schreibt Ephraim der Syrer. Augustinus sieht im Ei ein Zeichen der Hoffnung.

Die Ostereier sind deshalb, wenn auch nicht auf Anhieb, ein Zeichen für den Anspruch, den Ostern an uns stellt.

Wasser

Die Zusammengehörigkeit von Osternacht und Taufe ist durch die neue Ordnung des Triduum Sacrum wieder hervorgehoben worden. Über viele Jahrhunderte hinweg wurde das Taufwasser geweiht, ohne daß in der Osternacht getauft wurde. Die Verbindung von Taufe und Ostern liegt im Gedanken des neuen Lebens. Die Neuwerdung des Menschen durch die Auferstehung Christi wird aber durch die Taufe begonnen. Deshalb ist es sehr sinnvoll und sollte unbedingt angestrebt werden, daß in der Osternacht eine Taufe stattfindet.
Wasser bedeutet Neubeginn und ist zugleich das eindrucksvollste Zeichen für Leben. Ohne Wasser kein Leben. Der orientalische Mensch ist sich dessen viel stärker bewußt als derjenige, für den das Wasser eine Selbstverständlichkeit des Alltags geworden ist.
Vielerorts ist es Brauch, das Osterwasser mit nach Hause zu nehmen oder es auf den Friedhof zu bringen.

Feuer

Offenbar aus einem heidnischen Frühlingsfeuer ist zuerst in Irland und Gallien im 8./9. Jh. das Osterfeuer entstanden. Zuerst wurde daran nur das Osterlicht entzündet, später wurde auch das Feuer gesegnet. Im Volksbrauchtum entwickelten sich daraus mehrere Einzelbräuche. Einmal zerstreute man die Asche des Feuers auf den Feldern und in den Ställen, zum anderen wurde das Feuer in die Häuser gebracht, um das Herdfeuer am Ostermorgen neu zu entzünden, das dann das Jahr über immer brennend gehalten wurde.
Die Symbolik der Kraft des Feuers als Zeichen für die Osternacht und die Auferstehung hat sich (naturgemäß) bis ins Hochmittelalter hinein nur nördlich der Alpen verbreitet. Auch die bis zum Missale Romanum von 1570 vielfältigen Segensformeln sind wohl alle in unseren Breitengraden entstanden und später erst von Rom (und damit der Weltkirche) übernommen worden.

Licht

Das Entzünden des Lichtes bildete in der frühen Kirche den Anfang jeder Nachtfeier, die im Rahmen des Stundengebets der Mönche zu

den täglichen Gottesdiensten gehört. Allgemein für die ganze Kirche verblieb die Lichtfeier der Osternacht. Jesus selbst symbolisiert sich mit dem Licht. Gerade durch seine Auferstehung wird deutlich, wie er Licht in dieser Welt ist. Die christliche Kunst hat dies mit eindrucksvollen Bildern immer wieder dargestellt: Der Auferstandene ist das Licht – eine großartige Darstellung davon ist das Auferstehungsbild des Isenheimer Altars von Matthias Grünewald.
Eine entzündete Kerze, die das Licht in der Finsternis durch den auferstandenen Christus Jesus darstellen soll, kann ihre Symbolwirkung nur entfalten, wenn sie des Nachts angezündet wird und das Dunkel mit lebendigem Licht erhellt. Dieses Licht wird mit dem „Exsultet" besungen und mit ihm die Auferstehung Christi angekündigt.

Blumen

Ostern ist Anfang und Neubeginn. Kaum ein anderes Zeichen kann dies besser ausdrücken als Blumen. Durch ihren Duft und ihre Farbenpracht sind sie stets ein neues Erlebnis für den Betrachter. Ostern, das bei uns im Frühling gefeiert wird, gibt uns von der Natur her die Gelegenheit, diesen Aufbruch und Neubeginn zu verspüren, wofür die Blumen besonders zeichenhaft sind. Das frische Grün und die Pracht der Farbe versetzen jeden Betrachter einer Blume in eine gehobene Stimmung und geben neue Lebensfreude. Gerade deswegen sind Blumen eine bildliche Aussage der Osterbotschaft. Nach tiefer christlicher Auffassung verbirgt sich mit der Blume Auferstehungshoffnung und ewiger Frühling. Jesus Christus ist die aus dem Reis der Wurzel Jesse aufgesprossene Blume (Jes 11,1). Für kurze Zeit schien dieser Sproß verdorrt zu sein, doch neu erblühte er durch den Auferstandenen.
Die gebräuchlichste Osterblume ist in unserem Land die Osterglocke. Mit ihrer leuchtendgelben Farbe ist sie ein heller Farbtupfen im zarten Grün oder in der vielerorts noch blassen Landschaft. Nach langen blumenarmen Wintertagen bringt sie Leben und Freude selbst auch in das Gotteshaus hinein. Ostern ohne Osterglocken dürfte es eigentlich bei uns nicht geben (zumal diese Blume sehr häufig vorkommt und verhältnismäßig billig zu bekommen ist).

Ein weiterer typischer Osterschmuck sind die Forsythien. Sie tragen goldgelbe Blüten, schon lange, bevor die Landschaft zu grünen beginnt. Bei einem frühzeitigen Abschneiden können sie selbst bei „weißen Ostern“ rechtzeitig zum Blühen gebracht werden.
Blumen sind immer eine Huldigung für Gott, den Schöpfer, gewesen. Die Blumen zum Osterfest gehen über diese Huldigung sogar noch hinaus. Sie sind ein Symbol dafür, daß nach dem scheinbaren Tod des Winters das Leben neu erwacht, was das auf den Karfreitag folgende Osterfest uns ebenfalls sagen will.

II. **Anregungen zur Verlebendigung der Liturgie**

1. *Die Osternacht als Stationsgottesdienst*

Ursprünglich dauerte die Osternachtfeier die ganze Nacht. Es kann heute, will man ebenfalls die ganze Nacht über die Auferstehung des Herrn erwarten, sinnvoll sein, einzelne Teile an verschiedenen Orten zu feiern. Der Charakter der „Kirche auf dem Weg zur Auferstehung“ würde dadurch verstärkt. In Prozession wird das Osterlicht von einer Station zur anderen getragen.

Mögliche Stationen sind:

– Friedhof	– Marktplatz
– Kirche	– Kapelle
– Schule	– Feldkreuz etc.

Folgend ist eine mögliche Aufteilung der Osternachtfeier in Zuordnung zu einzelnen Stationen angeführt:

Osterfeuer – Marktplatz oder Schulplatz
Exsultet – Friedhof
Lesungen – Kapelle, Kirche oder anderer geeigneter Raum
Osterbotschaft
Tauffeier } Kirche
Eucharistiefeier

Eine organische Einheit sollten unbedingt die Osterbotschaft, die

Tauffeier und die Eucharistiefeier bilden; ihr entsprechender Ort ist die Kirche der Gemeinde.
Als Ausklang der Feier kann sich die Gemeinde zu einem gemeinsamen Frühstück zusammenfinden.

2. *Die Auferstehungsfeier auf dem Friedhof*

Einen besonderen Akzent bildet eine Auferstehungsfeier auf dem Friedhof. Liegt dieser unmittelbar bei der Kirche, kann das Osterfeuer dort entzündet und das Exsultet verkündet werden. Mit einer Prozession über den Friedhof, bei der an den Gräbern das Osterlicht entzündet wird, zieht man in die Kirche. Dort nimmt die Feier der Osternacht mit dem Wortgottesdienst ihren weiteren Verlauf.
Liegt der Friedhof nicht unmittelbar neben der Kirche, kann in der Art eines Stationsgottesdienstes ein Teil der Osternachtfeier dort stattfinden. Es wäre denkbar, das Osterfeuer dort zu entzünden und das Exsultet zu verkünden. Danach müßte die Feiergemeinde zur Kirche ziehen.
Ebenso ist es denkbar, daß nach dem Schlußgebet der Osternachtfeier die Gemeinde zum Friedhof ausgesendet wird, um dort das Osterlicht zu entzünden. Der Ostersegen und der Entlassungsruf hätten dann ihren Ort auf dem Friedhof.
Alle Gemeindeglieder sollen ermuntert werden, das Osterlicht und das Osterwasser den kranken und alten Menschen zu bringen, die nicht mehr zum Gottesdienst kommen können.

3. *Die Gestaltung des Kirchenraumes*

Kirchenschmuck

Es fällt auf, daß das höchste Fest der Christenheit, was die visuelle Gestaltung angeht, wenig hergibt. Das Heilige Grab und die in vielen Gemeinden vorhandene Figur des Auferstandenen sind fast die einzigen Besonderheiten, die man an Ostern in den Kirchen vorfindet. Eine Hilfe, das Gotteshaus lebendig zu gestalten, sind sicherlich Texte. „Halleluja, er lebt" – „Christus ist erstanden" – „Der Tod ist überwunden", oder andere, markante Aussagen des Ostergeschehens in großen

Lettern geschrieben, geben dem Innern der Kirche ein österliches Aussehen. Solche Dinge sind wichtig, wenn sich Ostern von den anderen Sonntagen auch äußerlich abheben soll. Veränderung im Gotteshaus strahlt das Festliche und Feierliche aus.
Deutlich muß dieses Fest auch durch den Blumenschmuck von anderen Festen abgehoben sein. Als höchstes Fest im Kirchenjahr gebührt ihm die strahlende Pracht der Frühlingsboten. Osterglocken und aufquellende Triebe von Zweigen verdeutlichen für viele Gläubige die Auferstehung. Der neue Jesus, der auferstandene Christus, wird so durch die aufkeimenden Früchte des Feldes, die zugleich Frühlingsboten sind, deutlich. An Ostern muß der Kirchenraum als Festraum erfahrbar werden und bereits auf seine Weise sprechen, bevor das Wort von der Auferstehung verkündet wird.

Osterkreuz

Das am Karfreitag aufgerichtete Kreuz bleibt vielerorts bis zum Ostertag stehen. Um das Besondere des Osterfestes herauszustellen und den Sieg über den Tod am Kreuz symbolisch darzustellen, bietet es sich an, das Kreuz des Karfreitags zum Ostertag festlich zu schmücken. Palmen, Forsythien und Osterglocken bieten sich dafür besonders an.

Osterbaum

Das Freudige des Ostertages läßt sich ohne viel Aufwand mit einem prächtig geschmückten Osterbaum andeuten. Ganze Schulklassen könnten für diesen Baum Eier bemalen und sie mit bunten Bändern am Baum anbringen. Besonders schön wäre es, wenn es gelänge, eine große Weide mit Kätzchen zu bekommen.

4. *Die Osterkerze*

Die Osterkerze ist das Zeichen für den auferstandenen Christus. Das ganze Jahr hindurch weist sie uns auf die Auferstehung hin. In der herkömmlichen Art ist sie gestaltet mit den fünf Nägeln, dem Kreuz und dem Alpha und dem Omega, die Anfangs- und Schlußbuchstaben des griechischen Alphabets.
Dazu kommt noch die jeweilige Jahreszahl. Diese weist uns auf das

durch die Auferstehung Jesu gesegnete Jahr hin und will uns zu einer Neubesinnung führen. Deshalb wird die Osterkerze in jedem Jahr neu geweiht. Dies sollte auch Anlaß sein, daß wir uns über die theologische Aussage dieser Kerze hinaus auch Gedanken machen über das, was im jeweiligen Jahr geschieht. Die Ereignisse einer Gemeinde, der Diözese oder der ganzen Welt, können deshalb mit der Osterkerze in Verbindung gebracht werden.
Mit Wachsmotiven läßt sich dies sehr leicht ausführen. Zierwachs gibt es dafür in vielen Wachshandlungen. Die Motive werden ausgeschnitten und mit den Fingern an die Kerze gedrückt. Die Wärme der Hand reicht aus, um das Zierwachs an der Kerze anzuheften.

Für die Gestaltung der Osterkerze hier einige Vorschläge:

- Der biblische Hintergrund:
  Eine Osterkerze kann den Auferstandenen zeigen, der aus dem leeren Grab hervorgeht. Die Ostersonne mit der Stadt Jerusalem und dem Golgotahügel mit den drei Kreuzen ist einfach darzustellen.
- Was die Gemeinde betrifft:
  Ein besonderes Jubiläum der Kirche oder der Stadt, eine Primiz, können an der Kerze festgehalten werden.
- Was die Diözese angeht:
  Jubiläumsjahr der Diözese oder ein anderes besonderes Ereignis geben mit dem jeweiligen bekannten Emblem einen Hinweis darauf.
- Ereignisse aus der Weltkirche:
  Das Heilige Jahr, den Tod eines Papstes oder das Tagungsdatum einer Bischofsynode an der Osterkerze festzuhalten, ist zwar ungewöhnlich, regt aber zum Nachdenken an.
- Geschehen aus der Welt:
  Die internationalen Jahre der Jugend, Behinderten oder Kinder eignen sich ebenfalls zur Gestaltung der Kerze. Große Ereignisse wie Weltmeisterschaften, Olympische Spiele und besondere Gegebenheiten, die die ganze Welt begeistern oder fesseln, sind dafür auch passend.
- Probleme des Lebens:
  Die Kerze brennt bei Geburt und Tod. Darauf könnte hingewie-

sen werden. Die Nägel in die Wundmale und Problemfelder unserer Zeit zu stecken wie Familie, Gemeinde, Ökumene, Glaubensferne, Völker der Welt ist ebenfalls vorstellbar. Eine andere Möglichkeit ist es, die Nägel zu umgeben mit Wohlstandserscheinungen unserer Zeit: Bequemlichkeit, Vergnügen, Fernsehen, Müdigkeit, Sattheit.

All diese Anregungen geben zugleich auch Impulse für die Osterpredigt oder gar für ein ganzes Jahresprogramm.

5. *Segnung der Osterspeisen*

Traditionelle Osterspeisen sind neben dem Osterei und dem Osterlamm das Osterbrot in einem Korb mit verschiedenen weiteren Speisen wie Schinken, Kräutern, Gewürzen und anderen Nahrungsmitteln. So erinnert etwa der Honig in einem solchen Osterkorb an das traditionelle Bienenlob im Exsultet. Diese Körbe werden vor dem Altar aufgestellt und am Ostersonntag nach der Eucharistiefeier oder während der Gabenbereitung gesegnet. Sie finden Verwendung für das Ostermahl der Familie oder auch für ein großes Festessen der Gemeinde am Ostertag.

Alle Osterspeisen weisen auf Christus hin, insbesondere das Lamm, die durch Model verzierten Osterbrote, das dem Menschen unentbehrliche Salz. Christus ist für uns lebenswichtig geworden. Das Ostermahl ist ein Symbol christlichen Miteinanders. Aus diesem Grund scheint es angebracht, daß die Gemeinde am Ostertag zusammen Mahl hält und die Botschaft des Osterevangeliums in frohem Beisammensein weiterwirken läßt.

Ein Segensgebet für die Segnung der Osterspeisen findet sich im Benediktionale, S. 58 f.

SEGENSGEBET

V.: **Aller Augen warten auf dich, o Herr, du gibst uns Speise zur rechten Zeit.**

A.: **Du öffnest deine Hand und erfüllst alles, was lebt, mit Segen.**

V.: **Christus ist unser Osterlamm. Halleluja.**

A.: **Darum kommt und haltet Festmahl. Halleluja.**

(Singweise GL 233,4)

Z.: Lasset uns beten.
Herr, du bist nach deiner Auferstehung deinen Jüngern erschienen und hast mit ihnen gegessen. Du hast uns zu deinem Tisch geladen und das Ostermahl mit uns gefeiert.
Segne ✠ dieses Brot, die Eier und das Fleisch und sei auch beim österlichen Mahl in unseren Häusern unter uns gegenwärtig. Laß uns wachsen in der brüderlichen Liebe und in der österlichen Freude und versammle uns alle zu deinem ewigen Ostermahl, der du lebst und herrschest in alle Ewigkeit.
A.: Amen.

6. *Emmausgang am Ostermontag*

Abgesetzt von den liturgischen Feiern des Osterfestes hat sich mancherorts ein Spaziergang der Gemeinde am Ostermontag entwickelt, aus dem gelegentlich auch eine kleine Wallfahrt wird. In Anlehnung an das Evangelium des Tages wird er weithin als „Gang nach Emmaus" oder auch als „Emmausen" bezeichnet.
Als Ziel dient ein markanter Punkt in der Nähe der Gemeinde, der nach einer etwa 2stündigen Wanderung erreicht wird. Dort sollte die Möglichkeit zum Beisammensein bei (mitgebrachten) Getränken und Speisen sein. Eventuell kann der Emmausgang auch den Charakter eines Gemeindefestes annehmen.
Auch die Eucharistiefeier am Ostermontag könnte an einem geeigneten Ort im Freien stattfinden. Der Gang nach Emmaus hat dann die Meßfeier als Höhepunkt. Im Anschluß trifft sich die Gemeinde zu einem gemeinsamen Mittagsmahl.